Carla Rodrigues

# O LUTO ENTRE CLÍNICA E POLÍTICA

**Judith Butler** para além do gênero

**FILŌ**MARGENS

**autêntica**

Carla Rodrigues

# O LUTO ENTRE CLÍNICA E POLÍTICA

**Judith Butler** para além do gênero

Copyright © 2021 Carla Rodrigues

Todos os direitos reservados pela Autêntica Editora Ltda. Nenhuma parte desta publicação poderá ser reproduzida, seja por meios mecânicos, eletrônicos, seja via cópia xerográfica, sem a autorização prévia da Editora.

COORDENADOR DA COLEÇÃO FILÔ
Gilson Iannini

CONSELHO EDITORIAL
Gilson Iannini (UFOP); Barbara Cassin (Paris); Carla Rodrigues (UFRJ); Cláudio Oliveira (UFF); Danilo Marcondes (PUC-Rio); Ernani Chaves (UFPA); Guilherme Castelo Branco (UFRJ); João Carlos Salles (UFBA); Monique David-Ménard (Paris); Olímpio Pimenta (UFOP); Pedro Süssekind (UFF); Rogério Lopes (UFMG); Rodrigo Duarte (UFMG); Romero Alves Freitas (UFOP); Slavoj Žižek (Liubliana); Vladimir Safatle (USP)

EDITORAS RESPONSÁVEIS
Rejane Dias
Cecilia Martins

EDIÇÃO DE TEXTO
Isabella Marcatti

REVISÃO
Aline Sobreira

PROJETO GRÁFICO
Diogo Droschi

CAPA
Alberto Bittencourt
(sobre tela de Natali Tubenchlak fotografada por Mario Grisolli)

DIAGRAMAÇÃO
Waldênia Alvarenga

Dados Internacionais de Catalogação na Publicação (CIP)
(Câmara Brasileira do Livro, SP, Brasil)

Rodrigues, Carla
    O luto entre clínica e política : Judith Butler para além do gênero / Carla Rodrigues. -- 1. ed. -- Belo Horizonte : Autêntica, 2021. -- (Filô Margens / coordenação Gilson Iannini)

    Bibliografia
    ISBN 978-65-5928-046-9

    1. Beauvoir, Simone de, 1908-1986 - Crítica e interpretação 2. Butler, Judith 3. Ciências políticas - Filosofia 4. Ética 5. Feminismo 6. Filosofia 7. Identidade de gênero I. Rodrigues, Gilson. II. Título III. Série.

21-64210                                                    CDD-305.42

Índices para catálogo sistemático:
1. Feminismo : Sociologia 305.42

Aline Graziele Benitez - Bibliotecária - CRB-1/3129

 GRUPO **AUTÊNTICA**

**Belo Horizonte**
Rua Carlos Turner, 420
Silveira . 31140-520
Belo Horizonte . MG
Tel.: (55 31) 3465 4500

**São Paulo**
Av. Paulista, 2.073 . Conjunto Nacional
Horsa I . Sala 309 . Cerqueira César
01311-940 . São Paulo . SP
Tel.: (55 11) 3034 4468

www.grupoautentica.com.br
SAC: atendimentoleitor@grupoautentica.com.br

*se dependesse daqueles versos*
*o céu não ia cair nunca*
*haveria mãos fortes de quem lavra*
*a terra e cultiva*
*a vida dos que um dia nos deram*
*vida haveria o canto a impedir*
*o colapso como quem colhe os frutos*
*como quem não esquece*
*as primeiras canções criadas*
*mas ouve bem*
*o céu*
*já caiu*

Danielle Magalhães
Versos de "houve a queda",
em *Quando o céu cair* (7Letras, 2018)

*quem sobrevive*
*é sempre*
*outro*
*em qualquer lugar*
*a sobrevivência está presa*
*à alteridade*
*e à morte*
*nós*
*somos matáveis*
*enquanto deveríamos ser*
*apenas*
*amáveis*

Danielle Magalhães
Versos de "amáveis", em *Vingar* (7Letras, 2021)

*Só o que morreu é nosso, só é nosso o que perdemos.*

Jorge Luis Borges
Trecho de "Posse do ontem", em *Los conjurados*, 1985
(Tradução de Josely Vianna Baptista, *Poesia*,
Companhia das Letras, 2009)

*Este livro é dedicado aos meus mortos,
aqueles que carrego vivos comigo.*

**11.** Apresentação

**25.** Primeira parte – Por que Judith Butler
    **27.** Breve introdução à autora
    **43.** Principais obras de Judith Butler mencionadas
    **47.** Butler para além dos problemas de gênero

**65.** Segunda parte – Luto e despossessão
    **67.** Por uma teoria política do luto
    **89.** Melancolias
    **103.** Interdependência e moralidade: um debate com e contra Butler
    **119.** Desdemocratizações

**135.** Terceira parte – Encontros feministas
    **137.** O corpo infeliz
    **157.** Ser e devir: Butler leitora de Beauvoir
    **177.** Os feminismos e suas sujeitas

**193.** Do início aos fins do luto

**203.** Referências bibliográficas
    **203.** Obras de Judith Butler em língua original
    **204.** Obras de Judith Butler em edições brasileiras
    **206.** Obras das/dos demais autoras/autores
    **218.** Obras da autora

# Apresentação

Numa concepção bastante alargada, este livro vem sendo escrito há muito tempo, desde que a filósofa Judith Butler teve sua primeira tradução publicada no Brasil, *Problemas de gênero: feminismo e subversão da identidade*, em 2003. O título chegava por aqui depois de ter feito carreira nos circuitos feministas dos Estados Unidos, onde fora lançado em 1990, provocando, desde então, posições extremas, contra ou a favor. Recebidas pela crítica, em um primeiro momento, como indicação do "fim do feminismo", as proposições de Butler, que pareciam ameaçar as feministas, na prática animaram a retomada do debate acerca da diferença sexual, seus usos políticos e seus limites binários. Para quem, como eu, vinha de uma trajetória que combinava engajamento feminista e atitude crítica, a edição brasileira de *Problemas de gênero* serviu de alento. Nas discussões propostas por Butler, encontrei ecos para muitas das minhas inquietações. Segui de perto alguns de seus argumentos desde a minha primeira pesquisa acadêmica (RODRIGUES, 2008), cujos problemas tenho retomado ao longo do meu percurso filosófico.

O meu interesse pela obra de Butler ganha fôlego depois da minha defesa de doutorado, em 2010, quando outro livro torna-se marcante nesse percurso caminho leitora da filósofa estadunidense: *O clamor de Antígona: parentesco entre a vida e a morte*. Em 2016, por razões muito pessoais, decidi retomá-lo em sala de aula. Enlutada pela perda do meu companheiro, morto em 2015, fiz do luto objeto de pesquisa no Programa de Pós-Graduação em Filosofia da Universidade Federal do Rio de Janeiro (UFRJ), onde leciono, e comecei justamente por *O clamor de Antígona*. Os anos que se seguiram foram de trabalho de luto, com o aprofundamento do meu interesse no tema, que passei a tomar como central na filosofia política de Butler (RODRIGUES, 2017a). Muitas vezes causei estranheza em interlocutores que, ao indagarem o assunto da minha pesquisa, recebiam como resposta: "luto". Havia, acredito, uma dificuldade de compreender a possibilidade de abordar o problema pela filosofia política, deslocando o luto de categoria clínica para categoria ético-política, sem abrir mão da interlocução com a psicanálise.

São justamente essa abordagem e esse deslocamento que venho acompanhando em movimento que localizo na autora depois do 11 de Setembro, quando ela tece duras críticas ao modo como o governo dos Estados Unidos havia tornado o luto em motor para reações violentas e discriminatórias. Ao longo dos últimos 20 anos, Butler (2000, 2004a; 2009; 2015a; 2020) desenvolveu sua obra em torno do luto como um direito, como operador da distinção entre vida vivível e vida matável – separação que opera na naturalização das mortes –, e sobretudo em torno da perda como experiência de desamparo e despossessão, fundamentos para o reconhecimento da nossa interdependência e da nossa responsabilidade ética: "Somos desfeitos [*undoing*] uns pelos outros. E se não o somos, falta algo em nós. Esse parece ser o caso com o luto, mas só porque já era o caso com o desejo", escreve Butler (2019b [2004a], p. 44), unindo as pontas entre sujeitos de desejo, luto e despossessão e o desamparo que nos é constitutivo.

Numa concepção mais estrita, a ideia de transformar essa pesquisa em livro começou a ser elaborada na manhã de 15 de março de 2018, dia do velório da vereadora Marielle Franco, realizado na Cinelândia, na escadaria da Câmara Municipal do Rio de Janeiro, onde estava seu corpo assassinado na véspera. Naquele momento, o choque por sua morte e de seu motorista, Anderson Gomes, era tamanho que a maioria das pessoas presentes só conseguia expressar revolta e tristeza pela perda de uma mulher cujas força e liderança representavam uma lufada de renovação na política carioca. Durante todo o dia, até que o cortejo saísse para o cemitério, a praça lotada exerceu o direito de enlutar em público a morte de uma mulher negra, oriunda da favela da Maré, eleita pelo Partido Socialismo e Liberdade (PSOL) com 46 mil votos, terceira maior votação do pleito municipal carioca de 2016. Brutalmente executada com quatro tiros, Marielle era uma liderança em ascensão, trabalhando num dos temas mais sensíveis da política fluminense, os altos índices de letalidade da ação policial, que tem por alvo preferencial pessoas negras e periféricas.[1]

Naquele dia, também tinha início o projeto "Judith Butler: do Gênero à Violência de Estado", desdobramento da pesquisa que vinha sendo desenvolvida desde 2015.[2] De certa forma, essa trajetória segue os passos da autora que me dedico a estudar, de tal modo que o meu percurso está expresso nessa passagem dos estudos de gênero à crítica à

---

[1] Em 2019, dados do Instituto de Segurança Pública (ISP) indicam que a Polícia Militar bateu recordes de letalidade. Só no estado do Rio de Janeiro, foram registradas 1.546 mortes de janeiro a outubro.

[2] Projeto de pesquisa aprovado na Faperj, edital E-03/2017, programa Jovem Cientista do Nosso Estado (2018-2020), sem o qual a realização deste livro não seria possível.

violência de Estado, perseguindo aí o caminho percorrido por Butler. Acompanhar o velório de Marielle Franco tinha, para mim, pelo menos duas razões: a primeira, expressar a solidariedade e a indignação que tomaram grande parcela da população carioca e logo se manifestariam pelas capitais de todo o país; a segunda, iniciar ali a ampliação da pesquisa para abranger as políticas de luto por Marielle Franco como um fenômeno a ser observado no âmbito do projeto. Aos poucos, conforme recolhia material sobre as inúmeras demonstrações de luto pela morte de Marielle, pude encontrar exemplos que ajudam a confirmar a hipótese inicial: o trabalho de luto por Marielle Franco fornece um paradigma para pensar a distribuição desigual de luto público, mais uma, talvez a mais aguda desigualdade na sociedade brasileira (RODRIGUES; VIEIRA, 2020).

★

Muitas das expressões disponíveis para nos referirmos ao luto – processo, trabalho, elaboração – carregam, de forma mais ou menos implícita, a ideia de progresso, aqui entendido como um caminho linear a partir de um começo em direção a um fim e a uma finalidade, guiar o sujeito da tristeza à retomada da vida dita normal. Essa compreensão, chamemos, positivista do luto em nada se parece com a vivência da perda de um objeto de amor. Em vez de uma trajetória em direção ascendente, o percurso é errático, marcado por idas e vindas – dias melhores, dias piores –, em que cada sujeito está tentando descobrir o que fazer com a perda, a falta e o vazio, tema do último capítulo deste volume. O luto porta uma circularidade, vai, volta, melhora, piora, avança, recua, flui, reflui. Processos de luto seguem outra temporalidade, mudam a nossa percepção do tempo, o que talvez os torne – conceito e processo – de difícil compreensão abstrata. Na experiência brota o entendimento dessa errância, como descrito por Julian Barnes (2014, p. 85):

> Processo de luto. Parece um conceito claro e sólido. Mas é um termo fluido, escorregadio, metamórfico. Às vezes passivo, um período de espera pelo desaparecimento do tempo e da dor; às vezes ativo, uma atenção consciente à morte, e à perda, e à pessoa amada; às vezes necessariamente distrativo [...]. E você nunca viveu esse processo antes. É um esforço gratuito, mas não voluntário; é rigoroso, mas não supervisionado; é especializado, mas não existe aprendizagem para ele. E é difícil dizer se você está fazendo progresso; ou o que o ajudaria a progredir.

Nada mais avesso ao luto do que a ideia de progresso. Estar de luto é estar em compasso de espera, ter paciência com a própria dor, aceitar a tristeza como parte da vida. Nem mudar nem continuar, apenas suportar essa temporalidade estranha em que não há nada a fazer nem nada a ser feito. Só há o estado de luto.

Na edição brasileira de *Luto e melancolia* da editora Cosac Naify, a tradutora Marilene Carone anota o duplo sentido do termo alemão "*Trauer*" usado por Freud: pode significar tanto um sentimento de "tristeza profunda pela perda de alguém" quanto as marcas exteriores do estado de luto (FREUD, 2011b [1917], p. 44). A ambiguidade do alemão se repete no português com o uso da palavra "luto", referência para tristeza ("estou de luto", sinônimo para "estou triste pela morte de alguém") e para enlutamento, indicando rituais orientados a homenagear e guardar a memória dos que partiram.

À primeira vista talvez não pareça, mas essa sobreposição de significados no mesmo significante também está ligada à temporalidade do luto. Para a psicanálise, o tempo é lógico (e não cronológico), diferença, em grande medida, orientada pelo entendimento de que no inconsciente não há distinção entre passado, presente e futuro da mesma maneira como fazemos essa separação no tempo histórico. Se luto é ato de memória – permanente processo de separar o que lembrar do que esquecer –, é porque o trabalho é contínuo. De modo muito peculiar, os mortos reivindicam dos vivos uma atualização no/do tempo.

A observação a respeito da duplicidade do termo "luto" conduz a um estranhamento: a singularidade como o sujeito responde a cada um dos lutos que realiza ao longo da vida e o modo como um novo trabalho de luto convoca e atualiza lutos anteriores. São lutos iguais e diferentes *ao mesmo tempo*. Chega então o momento de recorrer ao significante "infamiliar", como na proposta de tradução para "*Unheimlich*" (FREUD, 2019 [1919]). A perda é de outro objeto, mas ao sujeito cabe de novo se deparar com a falta e o vazio instaurados por cada perda, uma a uma. Há um elemento familiar na experiência e há algo de infamiliar a cada nova perda.

O psicanalista Jean Allouch (2004) reivindica uma transformação no modo de Freud pensar o luto como um trabalho de restituição da capacidade do sujeito de dirigir seu investimento libidinal a outro objeto. Allouch quer deslocar o luto do lugar de trabalho para transformá-lo em ato. Para reforçar a ideia de luto como ato, recorro às proposições de Vladimir Safatle (2020), cujo argumento fundamental em defesa da emancipação do sujeito político se baseia na transposição, para a política, de quatro conceitos fundamentais da psicanálise: identificação, gozo, transferência e ato, aqui resumido como "ser capaz de me relacionar com o que me destitui" (SAFATLE, 2020, p. 122). A mim interessa relacionar a reivindicação de Allouch – deslocar o luto de trabalho para ato – com a proposição de Safatle de elevar o conceito de ato, em psicanálise, à política. São questões que tornam de melhor compreensão o modo como tenho pensado o luto para além da clínica, de novo sem prescindir da psicanálise: ato ético e político, ato de memória e de reconhecimento. Luto como ato me ajudaria a dizer que o mero "continuar" da normalidade e a indiferença aos mortos violam o direito à tristeza de quem fica e o direito à memória de quem partiu.

Acredito, no entanto, que a atualidade deste livro se dá, infelizmente, de modo trágico, em como o governo brasileiro tem demonstrado profunda indiferença pelas mais de 500 mil pessoas mortas por covid-19 entre março de 2020, quando se registrou o primeiro caso fatal no país, e junho de 2021. Aqui, o longo percurso desta pesquisa se encontra com um debate urgente sobre a violência que nos funda como Estado-nação. Cada notícia de jornal, cada boletim da Organização Mundial da Saúde (OMS), cada estatística oficial transforma a perda individual singular em uma série inumerável,[3] tentando negar que cada pessoa morta comporta em si uma história única. A normalização da morte permanece como traço cotidiano de indiferença e condição histórica da violência colonial à brasileira.

Insistir na mera continuação da vida *como se* nada tivesse acontecido, como se a morte, por ser o destino natural da vida, não fosse também de uma brutalidade sem nome, é negar aos mortos o seu lugar na memória. Aos que se põem em trabalho de luto, a morte assombra, porque o luto também é um modo de aprender a viver com o que sobrevive, em nós, dos nossos mortos.

Freud ensina que primeiro o luto exige aceitar a realidade da perda. Um dos instrumentos dessa aceitação

---

[3] "Inumeráveis" é o nome do memorial dedicado às vítimas de coronavírus no Brasil. Ver www.inumeraveis.com.br. Outro projeto de memória, organizado pela antropóloga Débora Diniz (UnB), Relicários, registra as vítimas da pandemia no Brasil.
Aproveito a ocasião para agradecer o carinho, a amizade e as trocas afetivas com Ítala Maduell e família, que hoje também é minha família.

são os rituais fúnebres, diferentes no tempo, no espaço, na história, na cultura e nas religiões. A radical transformação promovida pela covid-19 nas formas de homenagear os mortos pode ser indicação de que a pandemia talvez venha a ter força para estabelecer outro modo de morrer, uma das formas de perceber o *fim de um mundo*. O filósofo Jacques Derrida, em livro dedicado a homenagear os amigos que haviam partido (DERRIDA, 2003), refere-se ao sentimento de perda como experiência de fim de um mundo compartilhado, indicando como a morte produz uma transformação inexorável nos vivos. Quando olha para as mudanças no modo de morrer ocorridas no processo civilizatório iniciado há 500 anos, o sociólogo Norbert Elias percebe a progressiva solidão da morte: "Nascimento e morte – como outros aspectos animais da vida humana – eram eventos mais públicos e, portanto, mais sociáveis, que hoje; eram menos privatizados" (ELIAS, 2001, p. 25). Em grande medida, a privatização identificada por ele há 40 anos se acelera conforme se expandem as tecnologias médicas ligadas ao nascimento e à morte, retirando desses dois momentos os "aspectos animais da vida humana". São transformações que se acentuaram na pandemia. Entre tantos traumas produzidos pelas mortes por covid-19, um deles está localizado na solidão dos moribundos intubados em UTIs, sem possibilidade de carinho, amparo ou despedida.

A exigência do luto como posição ética, a fim de não naturalizar as vidas perdidas, ficou evidente durante a pandemia, mas só porque já era assim antes. A tragédia das mortes por covid-19 no Brasil é dupla, está tanto no descaso com a vida quanto no desprezo em relação aos mortos, expressos na ausência de demonstração de luto público. A ausência de práticas de celebração e rememoração é a marca do desamparo coletivo que vem se somar ao desamparo singular do sujeito enlutado. Se a contagem das mortes por covid-19 assusta pela sua monstruosa grandiosidade, a conta dos assassinatos cometidos pela Polícia Militar assombra pela persistência. Só no Rio de Janeiro, o Instituto de Segurança Pública (ISP) registrou, em 2020, cinco mortes por dia de pessoas assassinadas em intervenções policiais, recorde histórico desde que o instituto começou a fazer a pesquisa, nos idos de 1998. Ao horror dos números não corresponde indignação pública, fazendo ecoar o "E daí?" e reiterando, todos os dias, que somos desde sempre uma sociedade caminhando sob a marcha dos imperativos econômicos, como discuto no capítulo "Interdependência e moralidade: um debate com e contra Butler", numa proposta de interlocução entre Paulo Arantes e Achille Mbembe.

★

O caminho que resultou neste livro só foi possível pelo apoio permanente da UFRJ, onde leciono, e de agências de fomento como a Fundação de Amparo à Pesquisa do Estado do Rio de Janeiro (Faperj) e o Conselho Nacional de Desenvolvimento Científico e Tecnológico (CNPq), com as quais desenvolvi e desenvolvo projetos de pesquisa. Aos recursos necessários para a sustentação da pesquisa nas universidades públicas se soma o amor, tal como concebido pela feminista bell hooks, para quem superar a falta de amor, tanto nas relações pessoais quanto na luta política, é uma tarefa afetivo-revolucionária.[4] "Quando pequenas

---

[4] O tema do amor estava em questão desde o início das minhas pesquisas em torno da filosofia de Jacques Derrida. É do comentador John Caputo uma definição amorosa do pensamento da desconstrução: "A desconstrução pede que se admita que a filosofia não tenha a palavra final sobre as coisas que ama. A desconstrução surge do amor pela singularidade" (CAPUTO, 1997, p. 55). Nos cursos de

comunidades organizam sua vida em torno de uma lógica amorosa, todos os aspectos do dia a dia podem ser proveitosos para todo mundo", escreve hooks (2020, p. 135), propondo práticas cotidianas pautadas por princípios de uma ética amorosa (p. 137). A falta de amor é, para ela, a grande responsável pela estruturação do autoritarismo disseminado nas nossas práticas cotidianas. Este livro é resultado da formação de pequenas comunidades de leitura, estudo e pesquisa, e é com esse amor que agradeço a todos/as os/as alunos/as, professores/as e amigos/as com quem tive a chance de aprender tanto, assim como aos que acolheram meus escritos antes de eles chegarem a este formato, cujo objetivo é refletir um percurso de pesquisa mais do que apresentar um projeto acabado, um modo de fazer o luto da totalidade, da completude, da queda na linguagem. Sua unidade precária performatiza, assim, experiências de despossessão.

*O luto entre clínica e política: Judith Butler para além do gênero* tem algumas semelhanças com as dezenas de livros publicados pela própria Judith Butler. Uma de suas características como autora é reunir em um volume um conjunto de trabalhos previamente apresentados ou mesmo publicados. Foi a escolha que fiz aqui, a fim de apontar para a pesquisa como um processo permanente, em interlocução com os pares, com a sala de aula ou em palestras e debates capazes de recolocar as questões, abri-las a novas abordagens, reformular ideias, incorporar e responder provocações.[5]

---

pós-graduação, tenho tentado ampliar o uso do significante "amor" para além de seu caráter romântico. Agradeço a Fernanda Miguens a referência ao tema do amor em bell hooks. Ver hooks (2021).

[5] Gostaria de agradecer aos alunos e alunas a quem tenho a oportunidade de orientar em pesquisas a respeito da filosofia de Judith Butler no laboratório Filosofias do Tempo do Agora (www.tempodoagora.org): Ana Luiza Gussen, Beatriz Zampieri, Luís Felipe Teixeira, Manoela

Este livro, que reúne textos cuja redação original abrange o período entre 2018 e 2020, organiza-se em três partes: "Por que Judith Butler", "Luto e despossessão" e "Encontros feministas". A primeira, formada por dois capítulos, situa o/a leitor/a na maneira como leio Judith Butler. "Breve introdução à autora", originalmente escrito a convite de Yara Frateschi para integrar uma enciclopédia on-line de filósofas feministas hospedada na Universidade Estadual de Campinas (Unicamp), obrigou-me a sintetizar em poucas páginas pesquisas que vêm sendo desenvolvidas há duas décadas. Neste volume, funciona como introdução e guia de leitura para o próprio livro. Na sequência, "Butler para além dos problemas de gênero" contribui para o caráter de apresentação da obra da autora nessa parte inicial. Uma primeira versão desse capítulo foi publicada em dossiê da revista *Em Construção* (Universidade do Estado do Rio de Janeiro – UERJ) sob o título "Para além do gênero: anotações sobre a recepção da obra de Butler no Brasil".

"Por uma teoria política do luto" abre a segunda parte. A versão original integrou um número especial da revista *O Que Nos Faz Pensar* (Pontifícia Universidade Católica do Rio de Janeiro – PUC-Rio), editado por Pedro Duarte em agosto de 2020. Chamava-se, então, "Por uma filosofia política do luto" e foi ampliado para este livro a fim de discutir a função política do luto por Marielle Franco. "Melancolias" teve uma primeira versão, apenas em inglês ("Writing Around Ghosts"), veiculada no fórum de debates da revista *Contexto Internacional* (PUC-Rio), organizado por Roberto Yamato e Jimmy Casas. Em seguida, o inédito "Interdependência e moralidade: um debate com e contra Judith Butler", ampliação da pesquisa

---

Caldas, Natália Rodrigues, Petra Bastone, Rafael Cavalheiro, Rafael Medeiros, Tássia Áquila e Thaís Bakker.

para temas brasileiros e resultado da percepção de que, para tratar do tema da violência de Estado, era preciso interrogar a violência colonial e histórica no Brasil. Encerra a segunda parte o capítulo "Desdemocratizações", versão modificada do artigo "A morte e a morte das democracias ocidentais", escrito em coautoria com Isabela Ferreira Pinho e editado por Mariana Ruggieri, Marcos Natali e Tiago Guilherme Pinheiro no dossiê "De um tom apocalíptico adotado há pouco na democracia", da revista *Remate de Males* (Instituto de Estudos da Linguagem – IEL-Unicamp).

A terceira parte, "Encontros feministas", retoma questões com as quais venho trabalhando desde o início das pesquisas na obra de Butler. "O corpo infeliz" é resultado do desejo de retornar à importância da filosofia de Hegel no pensamento de Butler. Publicado na revista *Letra Magna* (Universidade de São Paulo – USP) a convite de Jair Zandoná, foi escrito em coautoria com Gabriel Lisboa Ponciano, a quem agradeço a valorosa contribuição, e comparece neste volume ligeiramente modificado. O capítulo "Ser e devir: Butler leitora de Beauvoir" foi publicado nos *Cadernos Pagu*, em dossiê organizado por Maria Lygia Quartim de Moraes e Magda Guadalupe dos Santos, a quem agradeço o convite e a acolhida. Encerra a terceira parte "Os feminismos e suas sujeitas", cuja primeira versão teve Ana Emília Lobato como coautora e está publicada em edição especial da revista *Princípios* (Universidade Federal do Rio Grande do Norte – UFRN), organizada por Maria Cristina Longo. O texto foi modificado a fim de concentrar, para este volume, a retomada dos debates feministas da década de 1990.

Foi por essas questões que comecei meu interesse na obra de Judith Butler e com elas reafirmo meu alinhamento às suas proposições:

A teoria feminista nunca foi totalmente distinta do feminismo como movimento social. A teoria feminista não teria conteúdo se não houvesse o movimento e o movimento, nas suas várias formas e direções, sempre esteve envolvido no ato teórico. A teoria é uma atividade que não está restrita à academia. Acontece a cada vez que uma possibilidade é imaginada, que uma autorreflexão coletiva se dá, que emerge uma disputa em torno de valores, prioridades e linguagem (BUTLER, 2004b, p. 175-176).

Penso este volume como resultado – parcial, contingente, em construção e desconstrução – do meu desejo de contribuir para uma teoria feminista posta em ato, tomando a crítica à heteronormatividade como elemento que opera como moldura para enquadrar certas vidas como não inteligíveis e, portanto, descartáveis; participa do direito ao luto e da condição de enlutável como aquilo que autoriza a separação entre a gestão da vida; e se apresenta na crítica à racionalidade neoliberal como o que, pela via moral, relega certas vidas à precariedade e ao permanente processo de precarização. O luto torna-se, assim, operador central da articulação entre ética e política que persigo na obra de Butler, assim como já persegui na filosofia de Jacques Derrida (RODRIGUES, 2011b; 2013a).

Encera o volume "Do início aos fins do luto", cuja primeira versão foi editada por Paulo Roberto Pires em volume especial da revista *Serrote*, em julho de 2020, e aborda minha experiência singular de luto, articulação entre teoria e prática, entre ato e amor. Faz as vezes de conclusão, apontando de novo para a incompletude como premissa do trabalho.

A reunião desses textos em livro só foi possível graças ao minucioso, dedicado e delicado trabalho de edição de Isabella Marcatti. Suas leituras foram fundamentais para chegarmos à forma final, com decisões e escolhas compartilhadas.

As obras de Judith Butler publicadas no Brasil estão sempre citadas pelo título em português. Nas referências bibliográficas entre parênteses ao longo do texto, quando for necessário fazer menção à edição original e à brasileira, a data da original virá primeiramente e, na sequência, entre colchetes, a da brasileira. São de minha autoria as traduções de citações extraídas de edições em língua estrangeira, e há indicações quando, mesmo me valendo da tradução brasileira, optei por fazer alguma mudança. Agradeço a valorosa contribuição de Carolina Medeiros, filha e tradutora dedicada. O crédito às edições brasileiras de obras em língua estrangeira encontra-se nas referências ao fim deste volume, organizadas em quatro partes: obras originais de Butler, edições brasileiras de seus livros, obras de outros/as autores/as e títulos de minha autoria que, de alguma forma, complementam o percurso deste trabalho e apontam para uma pesquisa em aberto e em movimento, o que espero serem as suas maiores qualidades.

*Carla Rodrigues*
Niterói, julho de 2021.

**PRIMEIRA PARTE**

# Por que Judith Butler

# Breve introdução à autora[6]

Judith Butler é uma filósofa estadunidense nascida numa família judia, em Ohio, em 24 de fevereiro de 1956. Sua companheira é a cientista política Wendy Brown (1955). Juntas, elas compartilham a parentalidade de Isaac, homenageado em alguns dos livros de Butler (a dedicatória de *Vida precária: os poderes do luto e da violência*, por exemplo, diz "Para Isaac, que pensa de outra forma"). Cursou Filosofia na Universidade de Yale e fez sua carreira como professora de Literatura Comparada no Departamento de Retórica da Universidade da Califórnia, em Berkley, onde também é fundadora de The Program in Critical Theory (Programa de Teoria Crítica) e do International Consortium of Critical Theory Programs (Consórcio Internacional de Programas em Teoria Crítica). É professora titular da cátedra Hannah Arendt na European Graduate School, na Suíça. Integra diversas organizações sociais, como a American Philosophical

---

[6] Originalmente publicado no blog Mulheres na Filosofia, 18 jun. 2020. Disponível em: bit.ly/3xApx7u. Acesso em: 13 fev. 2021.

Society, o Jewish Voice for Peace e o Center for Constitutional Rights.

Butler é reconhecida com inúmeros prêmios, destacando-se o Prêmio Theodor W. Adorno, recebido em Frankfurt, em 2012, pela contribuição para o feminismo e a ética filosófica, e o Prêmio Brudner, da Universidade de Yale, pelos estudos sobre homossexualidade, tema que une sua pesquisa e seu ativismo político em defesa dos direitos de pessoas gays, lésbicas e trans.

O início do seu interesse por filosofia aconteceu na interlocução com o judaísmo. Na adolescência, teve problemas na escola: como punição por mau comportamento, sua professora sugeriu encaminhá-la para um aconselhamento com o rabino da comunidade. A partir dessa conversa, o que era um incipiente interesse por filosofia cresceu e intensificou seu engajamento em movimentos sociais e políticos até chegar à Universidade de Yale, onde teve como interlocutora Seyla Benhabib – um importante debate entre as duas está no capítulo "Os feminismos e suas sujeitas" – e participou da Yale School of Deconstruction. Foi lá que, em 1984, aos 28 anos, defendeu a tese de doutorado *Subjects of Desire: Hegelian Reflections in Twentieth-Century France* (BUTLER, 1999b), ainda inédita no Brasil.

Gosto de propor que Butler é uma pensadora em trânsito. Sua primeira pesquisa transita entre a Alemanha de Hegel e a França do início do século XX, onde, a partir de 1930, filósofos como Jean Wahl, Alexandre Koyré, Alexandre Kojève e Jean Hyppolite foram responsáveis por novas interpretações e traduções de Hegel, notadamente da *Fenomenologia do Espírito*. Essa primeira geração de leitores franceses de Hegel influencia filósofos como Michel Foucault, Jacques Derrida, Jean-Paul Sartre e a filósofa Simone de Beauvoir, objetos da pesquisa de Butler. Para ela, a questão do sujeito é tributária de pelo menos duas fontes: na sua tese de doutorado, o sujeito do desejo, de Hegel, perturba o sujeito da razão da tradição filosófica; já na sua interlocução com a "virada linguística",[7] o sujeito passa a ser compreendido como uma rede aberta a sucessivas interpretações. Butler transita novamente, dessa vez entre idealismo e pós-estruturalismo, do qual se aproximara em Yale, onde foi aluna de Derrida e Paul de Man. Defendo que há nela um *estilo desconstrutivo*, um modo de leitura dos textos que se vale dos autores para ir além deles, posição de leitura resumida na citação de Gayatri Spivak em uma das epígrafes de *Corpos que importam: os limites discursivos do "sexo"*:

> Se entendo a desconstrução, desconstrução não é a exposição de um erro, certamente não o erro de outros autores. A crítica, na desconstrução, a mais séria crítica na desconstrução, é a crítica de algo extremamente valioso, aquilo sem o qual não se pode fazer nada" (SPIVAK *apud* BUTLER, 2019a, p. 55).

Isso que, embora não seja método, é característica marcante na abordagem pós-estruturalista muitas vezes foi confundido, também em outras autoras e em outros autores, com destruição ou aniquilamento. Por esse equí-

---

[7] Estou me referindo ao conjunto de filósofos que se dedicaram a pensar a equivocidade ou a instabilidade da linguagem como condição para a episteme, como Nietzsche, Benjamin, Adorno, Deleuze, Foucault e Derrida, para citar apenas alguns. No campo da linguística estruturalista, Ferdinand Saussure e Émile Benveniste aportam contribuições na mesma direção: a linguagem passa a ser entendida como uma rede de referencialidades cujo sentido se produz como efeito do discurso. Na psicanálise, primeiramente Freud, com suas noções de traço mnêmico e de escrita psíquica, depois Lacan, para quem o inconsciente é estruturado como linguagem, articulam linguagem e inconsciente, de modo que ser sujeito é estar submetido à linguagem como mediação. Também aqueles conhecidos como filósofos da linguagem, como Gottlob Frege (1849-1925), Ludwig Wittgenstein (1889-1951) e John Austin (1911-1960), serão, a seu modo, pensadores críticos da linguagem como meio de transmissão de sentido.

voco, Butler chegou a ser rotulada como "má leitora" de Beauvoir, uma vez que, a partir da leitura de *O segundo sexo*, ela opera uma desconstrução do par sexo/gênero, supostamente desconsiderando que o conceito de gênero não consta na obra da filósofa francesa (FEMENÍAS, 2012). No entanto, não haveria radicalidade no pensamento de Butler sem um duplo gesto: ler Beauvoir com e contra ela. Não para criticá-la – no sentido vulgar –, mas a fim de fazer da crítica filosófica ponto de partida para formulações próprias. Assim entendo a postulação: "Aparentemente, a teoria de Beauvoir trazia consequências radicais, que ela própria não antecipou" (BUTLER, 2003 [1990], p. 163), mote do capítulo "Ser e devir: Butler leitora de Beauvoir", neste volume.

Mobilizada pela concepção de sujeito no existencialismo, Butler estabeleceu um debate produtivo com Beauvoir na primeira parte de *Problemas de gênero*, publicado nos Estados Unidos em 1990 e, desde então, um marco para a filosofia feminista. Uma das consequências filosóficas dessa obra foi perturbar o conceito de gênero sobre o qual teorias feministas pareciam estar assentadas mais ou menos confortavelmente até ali. Embora pudesse parecer que as suas primeiras interrogações se somassem aos discursos que anunciavam o fim dos movimentos feministas, os desdobramentos dos debates na área revelam que esse gesto inicial, com a proposição de que os feminismos deixassem de ser feitos apenas em nome do sujeito mulher, será fundamental para a sua renovação. Se compreendermos que o modo como ela problematiza o conceito de gênero se inscreve em um debate filosófico canônico – a questão do sujeito, como discuto, neste volume, no capítulo "Os feminismos e suas sujeitas" –, teremos a dimensão da sua contribuição para a filosofia.

Embora *Problemas de gênero*, por ocasião de sua publicação original, tenha tornado a autora uma celebridade acadêmica, o livro não foi exatamente bem recebido. Butler se dedicou então a dialogar com seus críticos, respondendo às interpelações. Desse empenho vieram três livros, nesta ordem: *Corpos que importam: sobre os limites discursivos do "sexo"* (BUTLER, 1993 [2019a]), *A vida psíquica do poder: teorias da sujeição* (BUTLER, 1997c [2017a]) e *Excitable Speech: A Politics of the Performative* (BUTLER, 1997a), ainda inédito no Brasil. No primeiro, a autora desenvolveu o argumento de que conceber o gênero como performativo não impede de reconhecer o quanto os corpos importam nas formas de discriminação; no segundo, retomou o problema do sujeito, pensando estruturas de poder que moldam nossa vida psíquica e sustentam a heteronormatividade; no último, explorou a performatividade da linguagem como pensada por John Austin e relida por Derrida, origem da noção de performatividade de gênero apresentada em *Problemas de gênero*.

A interlocução com teorias feministas levou Butler a transgredir fronteiras disciplinares, transitando, novamente, entre diferentes campos. Antropólogas feministas têm forte presença no pensamento da filósofa. Gayle Rubin, por exemplo, é fonte da crítica de Butler ao estruturalismo de Claude Lévi-Strauss e à centralidade do complexo de Édipo em Freud. No clássico "Tráfico de mulheres: notas sobre a 'economia política' do sexo" (RUBIN, 2017), publicado em 1975, a autora recusa a antropologia de matriz totêmica, na qual Freud baseia o complexo de Édipo, e a antropologia estruturalista de Lévi-Strauss, influência explícita na psicanálise de Jacques Lacan, para questionar o par sexo/gênero como decorrência do modo como Lévi-Strauss descreve as estruturas elementares do parentesco. Quinze anos depois, Butler acrescenta um novo problema ao par sexo/gênero a fim de criticar a ideia de que "gêneros inteligíveis" sejam aqueles capazes de se instituir e de sustentar relações de coerência e continuidade entre sexo, gênero, prática sexual e desejo, o que só seria possível se pudéssemos discernir os elementos biológicos, psíquicos, discursivos e sociais. Ou, nos termos de Rubin retomados por Butler (2000 [2014]) em *O clamor de Antígona: parentesco entre a vida e a morte*, se pudéssemos separar natureza e cultura.

Nessa mesma obra comparecem as investigações sobre gênero da antropóloga inglesa Marilyn Strathern (1992). Próxima da antropologia feminista, Butler reforça suas críticas a Lacan, propondo, em certa medida, a possibilidade de diferentes psicanálises a partir de outra concepção de simbólico. O leque de interlocuções na psicanálise se amplia, e a autora convoca teóricos como Julia Kristeva, Luce Irigaray, Jean Laplanche e Melanie Klein. Em 2003, a publicação de *Problemas de gênero* no Brasil foi iniciativa do psicanalista Joel Birman, coordenador da coleção Sujeito e História, em que o livro foi editado, impulsionando aqui um significativo diálogo com a teoria psicanalítica (PORCHAT, 2007; GREINER, 2016; FIDELIS, 2018).

Embora Hegel nunca perca relevância, os conceitos foucaultianos de assujeitamento e biopolítica se adensam, e ela se aproxima de autores ligados à teoria crítica, como Theodor Adorno. A judaicidade – apoiada em Emmanuel Lévinas, Walter Benjamin, Hannah Arendt ou mesmo em Derrida – vai sendo constituída como elemento ético-político. Durante os 20 primeiros anos do século XXI, Butler agudiza sua crítica ao neoliberalismo, em grande medida em interlocução com a obra de Wendy Brown. Nesse período, publicou 11 livros – não contabilizando as organizações –, sendo o mais recente *The Force of Nonviolence: An Ethico-Political Bind* (BUTLER, 2020 [2021]).

Outros autores aparecem de modo mais pontual – como o sociólogo Erving Goffman, influência em *Quadros de guerra: quando a vida é passível de luto?* (BUTLER, 2009

[2015c]), o pensador palestino Edward Said, em *Caminhos divergentes: judaicidade e crítica do sionismo* (BUTLER, 2012 [2017b]), ou o filósofo italiano Giorgio Agamben. Transita no pensamento pós-colonial, em interlocução com Gayatri Spivak, com quem publica *Quem canta o Estado-nação? Língua, política, pertencimento* (BUTLER; SPIVAK, 2007 [2018]). É leitora de Frantz Fanon, Homi Bhabha e Achille Mbembe. Sobre a crítica da violência de Estado, incorpora muitos aspectos da filosofia de Arendt. Ao recuperar a proposição arendtiana de binacionalismo (BUTLER, 2012 [2017b]), Butler propõe uma saída para a violência do Estado de Israel contra a Palestina e repete o duplo gesto feito em relação a Beauvoir: pensa com e contra Arendt, com quem discute para propor a performatividade corporal e as manifestações públicas de exposição da precariedade (BUTLER, 2015a [2018a]).

Há leitores que se sentem mais confortáveis em abordar a filosofia de Butler depois de dividir a sua obra em duas partes, deixando para trás os problemas de gênero, como se, na virada do século XXI, depois do 11 de Setembro, sua filosofia enfim se voltasse para questões ético-políticas. Na divisão, haveria o obstáculo de compreender gênero como tema filosófico. Recuso a ideia por considerá-la carregada de pelo menos dois equívocos: 1) o abandono dos problemas de gênero em prol de uma filosofia política depende da compreensão do gênero como um tema menor; 2) seria preciso sustentar o argumento de que gênero é um tema restrito à teoria feminista, oposto do que propõe a autora. Na perspectiva que adoto, há pelo menos três movimentos em relação ao conceito de gênero. O primeiro é rebaixá-lo como categoria central da teoria feminista pela sua inevitável ligação com o binarismo da diferença sexual masculino/feminino. Ela aponta para a heteronormatividade como operador crítico das diversas formas de discriminação, ampliando a teoria feminista para outros marcadores, como coerência corporal e escolha de objeto de desejo, além de raça, em uma interlocução com as feministas negras contemporâneas a ela que formulam a proposição de interseccionalidade (Crenshaw, 1989). Em um segundo movimento, Butler cria problemas com o conceito de gênero ao perceber que, embora as teorias feministas tivessem deslocado o fundamento da identidade do sexo para o gênero, ainda era preciso oferecer a um corpo nascido mulher a garantia da passagem ao gênero feminino. Tornar-se mulher fechava, assim, a abertura proposta pela filosofia de Beauvoir, como procuro demonstrar, neste volume, no capítulo "Ser e devir: Butler leitora de Beauvoir". O terceiro e último movimento que caberá discutir aqui é a permanência do conceito de gênero como categoria central na discussão ético-política sobre que vidas importam.

Depois do 11 de Setembro, a obra de Butler ganha, de fato, novos contornos. Se for verdade que a filosofia nasce do espanto, do trauma, pode ter valor de hipótese a ideia de que, assim como as grandes guerras na Europa tiveram imenso impacto nessa área do conhecimento, sobretudo na Alemanha e na França, o 11 de Setembro produziu efeito semelhante em filósofos/as contemporâneos/as. Em diálogo com questões políticas do seu tempo, ela não ficou indiferente à guerra dos Estados Unidos contra o Iraque e o Afeganistão, tampouco poderia ter ignorado as consequências das ações violentas do governo. Assim, se nos anos 1990 tematizou a ausência de direito ao luto para a população gay, vítima de HIV/aids, e o descaso em relação a essas perdas, a partir de 2001 o tema do luto se expandiu, ganhando densidade e se constituindo como fio condutor em seu pensamento, percurso que busco reconstituir, neste volume, no capítulo "Por uma teoria política do luto".

Como a maioria dos/as autores/as, Butler desenvolve vocabulário próprio, ressignificando termos herdados da tradição ou se valendo de conceitos existentes e promovendo certas torções que permitirão a costura de um pensamento original. Alguns termos da sua gramática filosófica indicam seu trânsito entre diferentes áreas e questões, como resumo a seguir.

No prefácio a *Subjects of Desire*, ela apresenta sua pesquisa como "questionamento sobre o percurso do desejo, os trajetos de um sujeito desejante, sem nome e sem gênero em virtude de sua universalidade abstrata" (BUTLER, 1999b, p. xix). É uma indicação da sua trajetória acadêmica, em que a crítica à heteronormatividade participa da permanente investigação do problema filosófico e político da concepção de um sujeito universal abstrato, sem gênero nem corporalidade, sexualidade, raça, etnia, religião, local de nascimento, idade e quantos outros marcadores for preciso adicionar para compreender que a categoria existe apenas para produzir o apagamento de todas as formas de vida que não alcançam o estatuto da universalidade. Nesse percurso, Hegel, lido como aquele que introduziu o desejo como problema filosófico, terá protagonismo inicial. O sujeito da *Fenomenologia do Espírito*, argumenta Butler, quer conhecer a si mesmo e encontrar no "eu" a totalidade de seu mundo exterior. De maneira interessada, ela vai à recepção francesa de Hegel para localizar o momento em que o desejo é tomado como ponto de partida e de reformulação crítica. No prefácio à segunda edição de *Subjects of Desire*, ela revê a apresentação do próprio trabalho, agora definido como "uma indagação crítica da relação entre desejo e reconhecimento" (BUTLER, 1999b, p. viii). Aqui, creio que Butler nos autorize a sustentar essa articulação entre desejo e reconhecimento que encontramos numa camada de interpretação de *Problemas de gênero* nem sempre percebida por leituras, por vezes, apressadas ou mesmo interessadas em situá-lo como exclusivamente voltado a criticar a teoria feminista e, em substituição, inaugurar a teoria *queer* (RODRIGUES, 2019b).

O ponto central de sua interpelação aos feminismos ecoa a questão do sujeito desestabilizado pelo desejo e, com isso, desestabilizador da universalidade abstrata do sujeito da razão; sujeito cuja sustentação ontológica se enfraquece diante da alteridade, problema ético-político a se aprofundar na crítica à racionalidade neoliberal e às formas de violência. Trata-se, portanto, de questão de natureza filosófica, cujas formulações se entrelaçam à sua abordagem hegeliana e aos desdobramentos do que chama de "questões pós-hegelianas" (BUTLER, 2015d [2005], p. 39). O problema do reconhecimento se modifica, sendo pensando agora em outra chave: o que determina a condição de possibilidade do reconhecimento? A essa indagação se soma o conceito foucaultiano de assujeitamento, incidindo no debate político sobre os fatores sociais, culturais e econômicos que permitem o aparecimento de determinados sujeitos e não de outros.

Desejo e reconhecimento são termos que comparecem principalmente no debate inicial de *Problemas de gênero*, notadamente no capítulo 1, "Sujeitos de desejo: sexo/gênero/desejo", em que está o endereçamento à teoria feminista e o questionamento das "mulheres" como sujeito do feminismo. Trata-se de pensar os limites de fazer o feminismo em nome da mulher como sujeito universal abstrato, retomando um problema caro à teoria feminista: lutar por incluir a mulher nessa categoria da qual sempre esteve excluída ou pelo reconhecimento da mulher como *sujeita*, ou seja, marcada por sexo e gênero, abrindo espaço para a emergência de outros sujeitos de direitos (SCOTT, 1988; 1999)? Butler segue Beauvoir muito de perto na percepção crítica de que o sujeito universal abstrato, na prática, sempre representou apenas o masculino (BUTLER, 2003 [1990], p. 31). Em *Problemas de gênero*, na mobilização do tema do desejo, este comparece de modo ambíguo, tanto desfazendo o binarismo do par sexo/gênero quanto servindo à crítica da coerência entre sexo biológico, gênero social e desejo sexual. A tríade funciona para incluir o desejo – elemento de desestabilização – na configuração dos sujeitos.

Se o sujeito do desejo é aquele que não cabe numa identidade estável, e se o que interessa é o ponto desse abalo, ali onde há uma fenda aberta para a relação com a alteridade, então seu modo de pensar a identidade estará afetado pela questão que enuncia em *Subjects of Desire*: "Qual é a relação entre desejo e reconhecimento e a que se deve que a constituição do sujeito suponha uma relação radical e constitutiva com a alteridade?" (BUTLER, 1999b, p. xiv). A pergunta é dirigida às teorias feministas e à dificuldade de estabilizar a mulher numa categoria de sujeito universal abstrato. Havia um paradoxo em preconizar a liberdade das mulheres *em nome* da alteridade e, ao mesmo tempo, exigir que, para obterem reconhecimento, fossem configuradas numa identidade estável e universal (RILEY, 1988).

Assim, dois problemas se articulam: a política feminista centrada no conceito de gênero estaria condenada a se manter presa à diferença sexual do binarismo masculino/feminino, que apenas substituiria o par homem/mulher; o gênero estaria destituído, assim como o sexo, do fundamento ontológico da identidade, já que a substituição de sexo natural por gênero construído seria apenas uma transferência da natureza para a cultura. A filósofa pretende recuperar atributos como instabilidade, expropriação e deslocamento, que perturbam a pretensa estabilidade da identidade (de gênero). Emerge daí a proposição de performatividade de gênero, desdobramento da radicalização da ruptura de Beauvoir com o essencialismo biologizante: "Não se nasce mulher, torna-se" ganha novos contornos, aqui propostos no capítulo "Ser e devir: Butler leitora de Beauvoir". A performatividade de gênero seria então o deslocamento da identidade de gênero, sendo a primeira indicação de elementos instáveis e artificiais que nos constituem, e a segunda, exigência de elementos estáveis e naturais atrelados à compreensão metafísica do humano. Com a proposição de performatividade de gênero, há o que chamo, ainda que provisoriamente, de "virada normativa", a partir da qual as normas sociais, inclusive as de gênero, ficam esvaziadas de sua fundamentação na natureza (homem/mulher) ou na cultura (masculino/feminino).

Há um ponto crucial: estamos submetidos às normas de gênero, escritas e não escritas. Se, pensando com Foucault, o sujeito depende da obediência à norma para se assujeitar; pensando com a releitura pós-estruturalista da teoria da performatividade da linguagem, as normas dependem do ato performativo para serem reiteradas. Uma vez que sexo e gênero não podem mais ser fundamentos para a identidade, e as normas são uma repetição estilizada de atos, o gesto político que interessa destacar é o esvaziamento do fundamento da norma: nem natureza nem cultura. Ou, ainda, a admissão de que a transgressão da norma está inscrita na sua concepção. Donde a noção de performatividade de gênero, cujo paradigma será a *drag queen*. Ao performatizar um gênero feminino, a *drag queen* representa elementos tidos como femininos, artificializáveis em qualquer corpo.

Foram muitas as críticas à performatividade de gênero: 1) seria mero ato de vontade do indivíduo liberal, e portanto sem potência de transformação política (BRAIDOTTI, 2006); 2) seria uma forma de ignorar a materialidade dos corpos, questão que vem tanto do pensamento materialista quanto das teorias sociológicas de gênero, mesmo aquelas que, não necessariamente tributárias do materialismo, entendem que o argumento do sexo anatômico biológico pesa sobre os corpos das mulheres como fator de limitação das suas possibilidades sociais, políticas, econômicas e sexuais; 3) a performatividade de gênero estaria esvaziando a identidade de gênero e a reivindicação identitária na política; 4) a performatividade seria acessível apenas à *drag queen* e a outras formas de encenação, confundindo performance com performatividade (PRECIADO, 2014). Na busca de respostas a essas críticas, Butler acaba por afirmar o lugar do corpo. A defesa da ambiguidade entre materialidade e discursividade dos corpos tornou-se ponto de partida para o desenvolvimento de uma interseccionalidade radical na sua concepção de corpo. Butler rebaixa a centralidade da categoria gênero como instrumento de crítica às discriminações na vida social, cultural e econômica, propondo a heteronormatividade como elemento que constrói, orienta, oprime e constrange essa materialidade. A vulnerabilidade, a precariedade do corpo, assujeitado a diversas formas de poder, será desdobrada em outros conceitos, sem que suas formulações ético-políticas abandonem o gênero como categoria útil de análise.

Sua primeira investida na distribuição desigual do luto público é uma breve menção, em *Problemas de gênero*, ao não reconhecimento, pelo serviço de saúde nos Estados Unidos, do valor das vidas de homens gays vítimas de HIV/ aids no início dos anos 1980. No mesmo livro, começa um debate com as concepções de luto em Freud, desenvolvido posteriormente no capítulo "Violência, luto, política", de *Vida precária: os poderes do luto e da violência* (BUTLER, 2004a [2019b]), com imensa importância nas formulações sobre a resposta bélica dos Estados Unidos depois do 11 de Setembro. O tema do luto se abre em duas direções: 1) o luto como condição do despossuído (*dispossessed*), condição comum a todo corpo vivente marcado pela experiência de finitude e de perda; 2) o direito ao luto como política de reconhecimento, direito que divide os corpos entre os que importam e os que pesam, separa vidas viváveis e vidas matáveis. (A retomada do tema do luto na obra da autora é, neste volume, o aspecto principal do capítulo "Por uma teoria política do luto".)

Sobre o luto como experiência de despossessão, observo que a filósofa se vale da ambiguidade do termo "*dispossessed*": despossuído é quem não tem posses, perde o direito à terra e está obrigado a vender sua força de trabalho para sobreviver. O despossuído está à margem, destituído das condições mínimas de sobrevivência. A esses significados ela acrescenta a despossessão como perda de si, articulada com a instabilidade provocada pelo desejo na formação do eu: "Somos desfeitos uns pelos outros. E, se não o somos, estamos perdendo alguma coisa. Esse parece claramente ser o caso com o luto, mas só porque já era o caso com o desejo" (BUTLER, 2019b [2004a], p. 44). A condição de despossuído opera como fundamento negativo para o restabelecimento de uma universalidade não excludente, não mais marcada por qualquer elemento a partir do qual se possa voltar a fechar o universal apenas para uns poucos.

Já a abordagem do luto como um direito é tributária também da interpretação de *Antígona*, tragédia de Sófocles em que a personagem reivindica cumprir rituais fúnebres para o irmão, Polinices, a quem Creonte havia proibido o enterro por ter lutado contra Tebas. Butler percebe que a reivindicação de Antígona implicava um duplo gesto: reconhecer o valor da vida do irmão e ser reconhecida na pólis. A condição de enlutável que nos separa entre humanos e inumanos ganha ainda mais importância em *Quadros de guerra: quando a vida é passível de luto?* (BUTLER,

2009 [2015c]), articulando-se com a condição de precariedade dos viventes. Vida e morte serão compreendidas como categorias relacionais, o valor atribuído a uma vida está diretamente ligado ao modo como a enlutamos.

Por fim, a precariedade será um elemento central na sua crítica à racionalidade neoliberal, tema que desenvolvo, neste volume, no capítulo "Interdependência e moralidade: um debate com e contra Butler". A autora une a materialidade dos corpos com a vida psíquica do poder, a reivindicação de condições materiais com o confronto às formas de sujeição. Se todo sujeito está exposto à morte, a precariedade é condição de possibilidade da vida e induzida por políticas de discriminação, que funcionam separando vida natural sem valor de vida simbólica com valor. A distribuição desigual do luto público é compreendida, assim, como um sintoma – nem todas as vidas são iguais – e como uma política de indução de precariedades a certas formas de vida em que operam marcadores interseccionais que fundamentam discriminação, opressão e violência.

# Principais obras de Judith Butler mencionadas[8]

| Ano | Título original | Edição brasileira | Editora, ano |
|---|---|---|---|
| 1987 | *Subjects of Desire: Hegelian Reflections in Twentieth-Century France* | | |
| 1990 | *Gender Trouble: Feminism and the Subversion of Identity* | *Problemas de gênero: feminismo e subversão da identidade* | Civilização Brasileira, 2003 |
| 1993 | *Bodies that Matter: On the Discursive Limits of Sex* | *Corpos que importam: sobre os limites discursivos do "sexo"* | N-1, 2019 |

---

[8] Não estão contemplados nesta lista os livros organizados pela autora. Os dados de imprensa completos, bem como o crédito aos/às tradutores/as destas e de outras obras, encontram-se nas Referências, ao fim deste volume, às quais remetem as citações ao longo do texto. O objetivo deste quadro é fornecer um mapa inicial que ajude o/a leitor/a a se localizar na obra de Judith Butler nos próximos capítulos.

| 1997 | The Psychic Life of Power: Theories in Subjection | A vida psíquica do poder: teorias da sujeição | Autêntica, 2017 |
|------|-------------------------------------------------|------------------------------------------------|-------------------|
| 1997 | Excitable Speech: A Politics of the Performative | | Editora Unesp, no prelo |
| 1999 | Gender Trouble: Feminism and the Subversion of Identity – 2. ed. | | |
| 1999 | Subjects of Desire: Hegelian Reflections in Twentieth-Century France – 2. ed. | | |
| 2000 | Antigone's Claim: Kinship Between Life and Death | O clamor de Antígona: parentesco entre a vida e a morte | Editora da UFSC, 2014 |
| 2004 | Undoing Gender | | |
| 2004 | Precarious Life: The Power of Mourning and Violence | Vida precária: os poderes do luto e da violência | Autêntica, 2019 |
| 2005 | Giving an Account of Oneself: A Critique of Ethical Violence | Relatar a si mesmo: crítica da violência ética | Autêntica, 2015 |
| 2007 | Who Sings the Nation-State?: Language, Politics, Belonging (coautoria com Gayatri Spivak) | Quem canta o Estado-nação? Língua, política, pertencimento | Editora UnB, 2018 |
| 2009 | Frames of War: When Is Life Grievable? | Quadros de guerra: quando a vida é passível de luto? | Civilização Brasileira, 2015 |

| 2012 | *Parting Ways: Jewishness and the Critique of Zionism* | *Caminhos divergentes: judaicidade e crítica do sionismo* | Boitempo, 2017 |
|---|---|---|---|
| 2013 | *Dispossession: The Performative in the Political* (coautoria com Athena Athanasiou) | | |
| 2015 | *Senses of the Subject* | | Autêntica, no prelo |
| 2015 | *Notes Toward a Performative Theory of Assembly* | *Corpos em aliança e a política das ruas: notas para uma teoria performativa de assembleia* | Civilização Brasileira, 2018 |
| 2020 | *The Force of Nonviolence: An Ethico-Political Bind* | *A força da não violência: um vínculo ético-político* | Boitempo, 2021 |

# Butler para além dos problemas de gênero[9]

Publicado nos Estados Unidos em 1990, *Problemas de gênero* (BUTLER, 1990 [2003]) reúne um conjunto de textos escritos nos anos anteriores à primeira edição. Entre as muitas questões daquele momento político-feminista, havia o enfrentamento das forças conservadoras, diagnosticadas por Susan Faludi (2001 [1991]), cuja pesquisa expôs os discursos de "volta ao fogão" que dominavam a imprensa naquela época, com narrativas pautadas pela ideia de que continuar em busca de objetivos de emancipação e liberdade estava sobrecarregando as mulheres.[10]

---

[9] Originalmente, "Para além do gênero: anotações sobre a recepção da obra de Butler no Brasil", publicado na revista *Em Construção*, Rio de Janeiro, UERJ, v. 1, n. 5, p. 59-72, 2019.

[10] Considero exemplar o diagnóstico da autora: "[...] foi a imprensa a primeira a apresentar e resolver, diante de uma grande audiência, o paradoxo da vida das mulheres, o paradoxo que se tornaria tão fundamental para o *backlash*: as mulheres conseguiram tanto e, mesmo assim, sentem-se tão insatisfeitas; a razão para todo esse sofrimento devem ser as realizações do feminismo, e não a resistência da sociedade contra essas realizações parciais" (FALUDI, 2001 [1991], p. 95, tradução modificada por mim).

Reportagens[11] e diferentes autores anunciavam o fim do feminismo, na esteira do fim da história, da queda do Muro de Berlim, do colapso da União Soviética e no embalo de argumentos como o de Francis Fukuyama (1992), que comemorava a associação entre capitalismo e democracia liberal como a vitória do estilo de vida norte-americano, tema que será retomado, neste volume, no capítulo "Melancolias". Havia nesse clima de "fim" a ideia subjacente de que as mulheres já tinham conquistado tudo o que podiam ou precisavam.[12] Butler, em vez de cair na armadilha desse debate polarizado e estéril, decide criar seus próprios problemas,[13] propondo que o feminismo não fosse mais feito apenas em nome da mulher, o que deu margem, num primeiro momento, a interpretações de que se tratava de mais uma defesa do fim do feminismo. Nada mais falso. Os movimentos e as teorias feministas se renovaram a partir de percepções críticas como a de Butler, mas não apenas. Nesse ponto, acho importante relativizar o protagonismo

---

[11] A reportagem que inspirou a pesquisa de Faludi foi uma capa da revista *Newsweek* que, apesar de usar dados inconsistentes, afirmava que mulheres na faixa dos 30 anos não tinham quase nenhuma chance de se casar (THE MARRIAGE Crunch – If You're a Single Woman, Here Are Your Chances of Getting Married. *Newsweek*, v. CVII, n. 22, 2 June 1986).

[12] Uma das melhores refutações a essa constatação pode ser encontrada em artigo da feminista Nancy Fraser (2009).

[13] "'Problema' talvez não precise ter uma valência tão negativa. No discurso vigente na minha infância, criar problema era precisamente o que não se devia fazer, pois isso traria problema para nós. A rebeldia e sua repressão pareciam ser apreendidas nos mesmos termos, fenômeno que deu lugar a meu primeiro discernimento crítico da *artimanha sutil do poder*: a lei dominante ameaçava com problemas, ameaçava até nos colocar em apuros, para evitar que tivéssemos problemas. Assim, concluí que problemas são inevitáveis e nossa incumbência é descobrir a melhor maneira de criá-los, a melhor maneira de tê-los" (BUTLER, 2003, p. 7, grifo meu).

que muitos estudos brasileiros atribuíram ao pensamento da autora, como se suas proposições não fizessem parte de ampla discussão em um campo teórico, e com interlocutoras/es que a antecedem e/ou a sucedem em contribuições e críticas. A ausência de percepção sobre esse entorno de pensamento contribui, mesmo nas pesquisas acadêmicas, para fazer parecer que ela teria inventado uma concepção inédita do conceito de gênero. De novo, nada mais falso. Butler não pensou sozinha nem fora de contexto.

Em *Problemas de gênero*, a autora estava propondo, entre tantas outras coisas, uma revisão do sistema sexo/gênero, apresentado pela antropóloga Gayle Rubin (2017) como crítica à centralidade do tabu do incesto nas estruturas elementares do parentesco; discutindo os limites do feminismo existencialista de Simone de Beauvoir – no rastro de suas pesquisas anteriores sobre o existencialismo francês –; dialogando com teorias psicanalíticas, interpelando Freud, Lacan e alguns aspectos do pensamento de Foucault. Como pano de fundo de todas essas discussões há uma questão inaugural na sua filosofia: "Todo o meu trabalho está inscrito em torno de um conjunto de perguntas hegelianas: 'qual é a relação entre desejo e reconhecimento e a que se deve que a constituição do sujeito suponha uma relação radical e constitutiva com a alteridade?'" (BUTLER, 1999b, p. xiv). O trecho, de 1998, está no prefácio da segunda edição de sua tese de doutorado e participa, no meu entendimento, do seu empenho em dialogar com seus críticos.

Recupero a importância do tema do sujeito e de Hegel na obra de Butler por considerar que são aspectos que ficaram assombrados – ou à sombra – das primeiras leituras no Brasil. Em 1994, quatro anos depois de publicar *Problemas de gênero* e um depois de *Corpos que importam*, ela concede uma entrevista que, para mim, é marcante na observação da diferença entre o que a autora está pensando e o modo como será lida aqui:

> Eu diria que sou uma teórica feminista antes de ser uma teórica *queer* ou uma teórica gay ou uma teórica lésbica. Meus compromissos com o feminismo são provavelmente os mais originais. *Problemas de gênero* foi uma crítica à heterossexualidade compulsória dentro do feminismo, e as feministas eram as minhas interlocutoras. No momento em que escrevi o livro não havia estudos gays e lésbicos tal qual eu os compreendo (BUTLER, 1994, p. 32).

Publicada em 1994, a entrevista foi concedida em outubro de 1993, e a crítica à heterossexualidade compulsória dentro do feminismo tinha como objetivo chamar atenção para as restrições do conceito de gênero que exigia de nós, feministas, pensar apenas em termos de uma divisão dicotômica entre masculino e feminino. É um exemplo de como, no Brasil do início do século XXI, num contexto específico dos estudos de gênero, estabeleceram-se disputas entre formas de leitura, como se os problemas de gênero indicassem uma substituição da teoria feminista pela teoria *queer*.[14]

No movimento de crítica à heterossexualidade compulsória, Butler retorna ao pensamento de Simone de Beauvoir para tensionar a noção de gênero como construção social e de sexo como dado biológico. "Não se nasce mulher, torna-se mulher", como havia escrito Beauvoir (2009 [1949]), supõe uma separação perfeita entre nascer e devir, entre natureza e cultura, entre real e simbólico. Retornando ao tema do sujeito, que lhe é caro, postula a inexistência de uma essência

---

[14] Sobre a construção e a desconstrução do conceito de gênero, remeto a dois artigos: Heilborn; Rodrigues (2013; 2018), e colho a ocasião para agradecer as décadas de debate com a professora e amiga Maria Luiza Heilborn sobre o tema.

ou substância que garanta a um corpo biológico marcado pelas características de fêmea "tornar-se mulher".[15]

Apesar de ter sido escrito a partir de uma interlocução com diferentes teorias feministas, quando *Problemas de gênero* foi traduzido no Brasil, em 2003, havia uma emergência de estudos no campo da sexualidade engajados em deslocar a centralidade do conceito de gênero – entendido como restrito a críticas ao binarismo e à hierarquia de gênero nas relações sociais – para o que ela então chamava de "heterossexualidade compulsória" ou heteronormatividade. A *coincidência* entre a edição brasileira de *Problemas de gênero* e o advento dos estudos sobre gênero e sexualidade promoveu um encontro entre a desconstrução que Butler empreende da política identitária e o fortalecimento do termo "*queer*" como instrumento para pensar a heterossexualidade compulsória e como uma nova forma de política identitária, em que pese o fato de que, aos poucos, foi-se também produzindo massa crítica[16] em relação ao termo, que, por sua vez, foi perdendo força como categoria identitária.

---

[15] Gostaria de destacar este trecho de *Problemas de gênero* que considero contribuir para a compreensão do argumento de Butler a que me refiro: "A ideia de que o gênero é construído sugere um certo determinismo de significados do gênero, inscritos em corpos anatomicamente diferenciados, sendo esses corpos compreendidos como recipientes passivos de uma lei cultural inexorável. Quando a 'cultura' relevante que 'constrói' o gênero é compreendida nos termos dessa lei ou desse conjunto de leis, tem-se a impressão de que o gênero é tão determinado e tão fixo quanto na formulação de que a biologia é o destino. Nesse caso, não a biologia, mas a cultura se torna o destino" (BUTLER, 2003, p. 26).

[16] Aqui gostaria de mencionar o trabalho de Berenice Bento, cuja potência de crítica ao termo "*queer*" está associada, na maneira como leio, a uma crítica igualmente potente em relação à colonialidade das práticas acadêmicas no Brasil. Destaco esta passagem de uma entrevista concedida por ela à dupla de pesquisadores Felipe Padilha e Lara Faciolib: "Quando minha tese foi publicada, eu fui carimbada com o selo de teórica *queer*. Isso, para mim, foi uma surpresa, porque eu não me

Como pesquisadora, minha contribuição para a leitura de *Problemas de gênero* está na relação crítica que o livro estabelece com a política identitária. Parti da percepção de que havia se esgotado, nos ativismos feministas, uma forma de fazer política que falava em nome das mulheres (o plural já era um deslocamento em relação à ideia da mulher universal). Tanto no mestrado (RODRIGUES, 2008) quanto no doutorado (RODRIGUES, 2011b), subscrevi a posição de Butler, concordando com ela no argumento de que a categoria "mulheres" é produzida e reprimida pelas mesmas estruturas de poder às quais nós, feministas, dirigimos demandas de emancipação e reivindicamos direitos. Por esse caminho, Butler aponta um paradoxo com o qual venho trabalhando desde então: primeiramente, as mulheres precisam adentrar o espaço político da representação e, nele, ser constrangidas a uma categoria identitária unívoca; em seguida, é preciso se valer dessa categoria identitária para reivindicar direitos, que já serão limitados por estarem destinados a atender apenas aqueles sujeitos submetidos à representação cabível na categoria mulher.

---

reivindicava assim, foi de fora para dentro. Nunca foi um lugar que me deixou muito confortável, tampouco tranquila. Primeiro, eu não gosto da palavra *queer*. O que é *queer*? Em uma ocasião de trabalho, eu perguntei a uma pessoa estadunidense, via e-mail, se ela era *queer*. Ela se sentiu ofendida e insultada. Nunca mais nos falamos. Já no Brasil, se você fala que é *queer*, a grande maioria nem sabe do que se trata. '*Queer*', teórica *queer*, não me provoca conforto. Não tem nenhum sentido para nós. No contexto norte-americano, o objetivo foi dar um truque na injúria, transformando a palavra *queer* (bicha) em algo[*] positivo, em um lugar de identificações. Qual a potência do *queer* na sociedade brasileira? Nenhuma. Se eu falo transviado, viado, sapatão, traveco, bicha, boiola, eu consigo fazer com que meu discurso tenha algum nível de inteligibilidade local. O próprio nome do campo já introduz algo de um pensamento colonizado que não me agrada de jeito nenhum" (BENTO, 2015, p. 147).

Um aspecto que considero crucial na edição brasileira de *Problemas de gênero* é o livro integrar a coleção Sujeito e História, coordenada pelo psicanalista Joel Birman, que também assina a revisão técnica do texto. Não apenas por essa razão, mas também pelas críticas às concepções de feminino e masculino em Jacques Lacan e à leitura do complexo de Édipo em Freud, Butler começou a ser estudada no campo psicanalítico brasileiro e, muitas vezes, recusada com dois argumentos, no mínimo, simplistas: 1) a autora estaria considerando apenas as proposições iniciais do pensamento de Lacan, quando ele estabelece a diferença sexual a partir de duas posições desejantes que, embora não necessariamente excludentes nem determinadas pela biologia, são apenas duas, permanecem assimétricas e estão referidas à centralidade do falo: a posição masculina é de quem *tem* o falo; a feminina, de quem é o falo. Butler ignoraria, no entanto, desdobramentos posteriores do pensamento de Lacan, em que a diferença sexual passa a ser definida a partir de múltiplas posições de gozo; 2) gênero não é um conceito pertinente à teoria psicanalítica, que trabalha com os conceitos de feminino e feminilidade.[17] Pelo menos por esses dois caminhos, a conversa entre Butler e a teoria psicanalítica no Brasil ficou atravessada[18] – e faço

---

[17] Tenho discordado, em outros lugares, do argumento de que gênero não diga respeito à teoria psicanalítica, e o faço em nota por considerar que esse não é o tema central deste capítulo. A respeito, ver Rodrigues (2019e).

[18] Ressalto que há exceções e esforços de diálogo com a obra de Butler, por exemplo, no Espaço Brasileiro de Estudos Psicanalíticos, primeiramente com Silvia Alexim Nunes, depois com Nelma Cabral; na Letra Freudiana, onde estabeleci algumas interlocuções, em especial com Claudia de Moraes Rego; no Outrarte/Unicamp, onde tive a oportunidade de dialogar com as pesquisas de Suely Aires (UFBA), Flavia Trocoli (UFRJ), Guilherme Massara (UFMG), Pedro Ambra, Rafael Kalaf Cossi e Fernanda Zacharewicz. Pesquisadores como

questão de situar esse atravessamento no campo brasileiro para destacar, como contraponto, sua interlocução com a psicanálise na França e sua participação na Sociedade Internacional de Filosofia e Psicanálise (SIPP).[19]

## Revisitando a performatividade de gênero

Interpretações e leituras são resultado também de disputas epistemológicas. Na presente argumentação, não estou indiferente nem sou neutra em relação a esses embates. A formação e a delimitação de campos teóricos produzem ganhos políticos e consequentes desdobramentos, como obtenção de recursos para projetos, capital social e reconhecimento público. Uma das noções em disputa na obra de Butler é a de performatividade (de gênero). Considero que o gesto mais importante dessa proposição não é, como muitos/as de seus/suas leitores/as atribuem, a possibilidade de criação de numerosos gêneros na legislação de Nova York, embora isso de fato pareça ter vencido em algum momento a batalha epistemológica acerca das razões de estudar Judith Butler. Entendo que a performatividade

---

Patricia Porchat (USP), Christian Dunker (USP) e Gilson Ianini (UFMG), editor de duas traduções de Butler no Brasil, são interlocutores que participam do percurso dessa recepção de Butler na teoria psicanalítica. Claudio Oliveira generosamente também me ofereceu oportunidades de interlocução entre filosofia e psicanálise. Mais recentemente, em 2020, organizamos, no âmbito das atividades do laboratório Filosofias do Tempo do Agora (Lafita/CNPq), um grupo de estudos em psicanálise feminista que tem em Butler um ponto de partida e se desenvolve em direção a autoras como Luce Irigaray e Julia Kristeva, na França; e Jane Gallop, Lélia Gonzalez e Neusa Sousa Santos, no Brasil. Agradeço a escuta do psicanalista Sergio Becker.

[19] Judith Butler foi uma das conferencistas do 10° Encontro da SIPP em 2018, em Nova York, com a palestra "Destructiveness beyond pleasure", em sessão coordenada pela psicanalista Monique David-Ménard.

(de gênero) promova dois movimentos: o primeiro, o de que o gênero não se produz a partir de uma essência ou substância, como já indicado no debate com a obra de Beauvoir. O segundo, que me parece ainda mais decisivo, é o esvaziamento da fundamentação das normas (de gênero), que passam a ser compreendidas como convenções vazias de sentido, como operações de poder sobre os corpos, como biopolítica – para usar o termo foucaultiano – e como formas de controle da reprodução da mão de obra para o bom funcionamento do sistema capitalista.

Há pelo menos quatro fortes críticas à proposição de performatividade de gênero que gostaria de expor para refutar. A primeira crítica estaria no entendimento da performatividade de gênero como um ato acessível exclusivamente à figura da *drag queen*. Entretanto, a *drag queen* é apenas um paradigma[20] que expõe a artificialidade da ligação entre sexo anatômico biológico e identidade de gênero. Não se trata de fazer da identidade de gênero algo teatral, mas de evidenciar a arbitrariedade de uma ligação tomada como substantiva durante algumas décadas da segunda onda feminista. Ao performatizar o gênero feminino, a *drag queen* performatiza a representação de todos os elementos tidos como femininos e, ao mesmo tempo, passíveis de serem artificializados em qualquer corpo.

A segunda crítica compreendeu a performatividade de gênero como mero ato de vontade do indivíduo liberal e, portanto, desprovido de potência de transformação política.

---

[20] O filósofo Giorgio Agamben (2019) se vale do paradigma como método com o objetivo de tornar certos fenômenos inteligíveis. Em última análise, argumenta ele, o paradigma possibilita produzir no interior de um arquivo cronológico, em si inerte, planos de clivagem que permitem torná-lo legível. Entendo a figura da *drag queen* como paradigmática na medida em que permite tornar compreensível o fenômeno da artificialidade do gênero.

Essa crítica está atrelada à ideia de que as normas seriam tão fixas e imutáveis que não haveria nada que se pudesse fazer diante delas. A proposta de Butler não poderia ser mais contrária a essa ideia. Considero que a intenção da autora não seja apontar para uma liberdade absoluta em relação a qualquer tipo de norma, mas, bem ao contrário, apontar para o quanto toda norma depende da sua repetição, ou, dito de outro modo, é a repetição constante da norma pelos nossos corpos que fundamenta a própria norma. É quando todas/os/es nós repetimos gestos tidos como femininos ou masculinos que fundamentamos e ao mesmo tempo transgredimos as normas de gênero, indicando que a estrutura da norma comporta a sua transgressão ali mesmo onde depende da sua repetição. É em função da performatividade (de gênero) que tenho arriscado uma hipótese: a de que foi por esse caminho que Butler localizou a relação do sujeito com a norma numa dialética, mantendo a tensão que muitas feministas antes dela pretenderam solucionar. A performatividade como movimento de manutenção e subversão das normas conserva e, ao mesmo tempo, supera as regras que estabelece. Tenho me arriscado a chamá-la de *Aufhebung*[21] à moda de Butler – ou de *différance*, se eu

---

[21] Aqui gostaria de abordar algumas das dificuldades do termo alemão "*Aufhebung*", cujas traduções têm desafiado filósofos em diferentes idiomas. Paulo Meneses, tradutor da *Fenomenologia do Espírito* pela Editora Vozes, optou por "suprassunção", termo que tem se estabelecido no Brasil, apesar de não ser consensual. Quando traduziu "*Aufhebung*" para o francês, Jacques Derrida propôs "*relever*" (RODRIGUES, 2020b). O tradutor Emmanuel Martineu, que verteu do alemão para o francês o curso de Heidegger sobre *a Fenomenologia do Espírito*, rejeitou essa e outras soluções anteriores, reivindicando duas traduções para "*Aufhebung*": "*assumer*" (assumir) e "*assomption*" (assunção). Quando aponto que a relação com as normas (de gênero) a que Butler se refere são comparáveis a *Aufhebung*, estou me reportando ao caráter indissociável entre suspensão e assunção contido no termo.

quiser falar com o vocabulário de Derrida –, propondo que esse movimento dialético de conservação e superação se dá numa brecha, na ínfima possibilidade de diferença na repetição da norma, entendida não como regra nem como lei, mas como normalização.

A terceira crítica muito comum é que a performatividade de gênero seria uma forma de ignorar a materialidade dos corpos. Ela vem tanto do campo do pensamento materialista quanto do campo das teorias sociológicas de gênero, mesmo aquelas que, não necessariamente tributárias do materialismo, entendem que o argumento do sexo anatômico biológico pesa sobre o corpo das mulheres como fator de limitação das suas possibilidades sociais, políticas, econômicas e sexuais. A hierarquia de gênero não poderia ser compreendida ou mesmo superada apenas a partir da concepção do sexo como discursivo. A essa está articulada a quarta e última crítica: a ideia de que, ao propor a performatividade de gênero, Butler estaria esvaziando a identidade de gênero e, portanto, toda reivindicação identitária na política. Vou tentar refutar essas duas últimas de uma vez só, porque me parece que os dois argumentos caminhem juntos.

Em *Corpos que importam*, Butler (1993 [2019a]) afirma que seu objetivo não é ignorar a materialidade dos corpos, mas perguntar por que a materialidade do corpo não pode ser, ela também, construída. O contra-argumento insiste na ausência de fundamento natural para o binarismo de gênero. Aqui, numa espécie de segunda volta sobre os problemas de gênero, a materialidade dos corpos será o ponto de partida para o que chamo de interseccionalidade radical, em que os corpos estão carregados de inúmeros marcadores – como raça, classe, religião, local de nascimento, lugar de moradia, idade, orientação sexual – que vão além de sexo e gênero. Com isso, ela proporá um deslocamento da centralidade da categoria gênero como instrumento de crítica das discriminações na vida social, cultural e econômica, para pensar na heteronormatividade como elemento que constrói e orienta a materialidade dos corpos. Não se trata, portanto, de negar a política identitária por si mesma, mas, ao contrário, de ampliá-la a ponto de abarcar todos os corpos carregados de marcadores de vulnerabilidade, precariedade e subalternidade, sem com isso pretender reconstituir uma universalidade. Quando a mulher deixa de ocupar o lugar central no movimento feminista, a política passa a ser feita em torno de "fundamentos contingentes", outra proposição que também subscrevi, buscando pontos de luta em comum que possam ir além das diferenças, sem pretender qualquer tipo de consenso, que, no limite, é sempre violento. Se em *Corpos que importam* ela estava tentando responder os que a criticavam por ignorar a materialidade dos corpos, em *A vida psíquica do poder* (1997c [2017a]) – cujo subtítulo é *teorias da sujeição* – ela retoma um elemento de *Problemas de gênero*: o efeito do discurso sobre os sujeitos. Depois de passar por Hegel, Althusser e Nietzsche, Butler chega à noção foucaultiana de assujeitamento, na qual o sujeito se constitui na relação com o poder a que se submete, mas justamente ali onde se assujeita também se torna sujeito.

Passados mais de 30 anos da publicação original de *Problemas de gênero*, acho que já podemos admitir que a filosofia política de Butler se desenvolveu com vistas a uma crítica ao projeto de normatividade como compreensão das diferentes formas de opressão, nas quais o gênero é apenas uma delas, opressão que visa separar as vidas que se tornarão mais ou menos precárias pelas políticas de Estado, as vidas que têm valor e as que não têm, as vidas vivíveis e as vidas matáveis. Mas, para isso, seria preciso compreender que a heteronormatividade não está restrita ao campo das escolhas de objeto sexual, mas constitui o insuportável da normatividade. A performatividade (de gênero) é formulada então como mecanismo que responde a essa dupla injunção do poder, e responde funcionando do mesmo modo paradoxal: *assujeitando* e constituindo o sujeito na sua relação com as normas. Assim, talvez possamos admitir também que o pensamento da autora não está restrito ao campo do gênero, embora o campo do gênero não seja, ele mesmo, restrito, mas atravesse todas as questões contemporâneas da bio e da necropolítica (MBEMBE, 2018b).

## Lacunas temporais

Durante mais de 10 anos, entre 2003 e 2014, *Problemas de gênero* foi o único livro de Butler em português disponível no mercado editorial brasileiro. Então, em 2014, a Editora da UFSC publicou *O clamor de Antígona*, cuja edição original é de 2001. Em 2015, Butler veio ao Brasil, pela primeira vez, para participar de uma série de seminários e surpreendeu quem estava prestando atenção apenas ao tema da política identitária.[22] De fato, as palestras de Butler estiveram mais pautadas pelas questões mais recentes na sua obra e pelos seus desdobramentos havia mais de duas décadas, nem sempre acompanhados pelas pesquisas brasileiras, concentradas sobretudo no gênero. Em 2017, ela voltou ao país, dessa vez como uma das organizadoras do seminário

---

[22] Butler cumpriu uma extensa agenda de compromissos. Em Salvador, fez a conferência de abertura do II Seminário Internacional Desfazendo Gênero, realizado na Universidade Federal da Bahia (UFBA); em São Paulo, esteve num seminário no campus de Marília da Universidade Estadual Paulista (Unesp) e fez a conferência principal do I Seminário Queer – Cultura e Subversões da Identidade, promovido pela revista *Cult* e pelo Sesc Vila Mariana, que oferece on-line a íntegra de todas as palestras; ver: bit.ly/2ROD9Xg.

internacional Os Fins da Democracia: Estratégias Populistas, Ceticismo sobre a Democracia e a Busca por Soberania Popular, promovido em conjunto pelo Serviço Social do Comércio (Sesc) de São Paulo, a Universidade de Berkeley, onde leciona, e a Universidade de São Paulo (USP), tendo ali como principal interlocutor o filósofo Vladimir Safatle, leitor de Butler pelo menos desde a publicação de *O cinismo e a falência da crítica* (SAFATLE, 2008).

Uma petição que arrecadou quase 400 mil assinaturas dizia que a filósofa não era bem-vinda no Brasil. Protestos foram organizados em frente ao Sesc Pinheiros, onde aconteceu o seminário. Enquanto, na rua, uma boneca era queimada, no auditório, Butler discutia o que tem sido tema de sua obra há 20 anos: a necessidade de aprimoramento dos regimes democráticos pela crítica à violência de Estado.[23] A ocasião da sua segunda viagem ao Brasil impulsionou novas traduções: *A vida psíquica do poder* (BUTLER, 2017a) e *Caminhos divergentes* (BUTLER, 2017b), livro dedicado a recuperar de pensadores judeus como Emmanuel Lévinas e Walter Benjamin as proposições éticas de não violência presentes no judaísmo e fazê-los dialogar com autores palestinos como Edward Said, performatizando a convivência entre judeus e palestinos que o texto postula. A ida de Butler ao campus da Universidade Federal de São Paulo (Unifesp) para a palestra de lançamento desse livro exigiu um esquema de segurança com os mesmos protocolos usados para chefes de Estado.

Quando escrevi a respeito de *O clamor de Antígona*, meu interesse era a discussão acerca da antropologia

---

[23] As informações foram recuperadas no trabalho de Aléxia Bretas (2019), a quem agradeço a gentileza de ceder o artigo apresentado no Grupo de Trabalho Filosofia e Gênero do XVIII Encontro Nacional da Associação Nacional de Pós-Graduação em Filosofia (Anpof), realizado em outubro de 2018 na Universidade Federal do Espírito Santo (UFES), em Vitória (ES).

estruturalista de Claude Lévi-Strauss e como, tomando Gayle Rubin como referência, Butler havia interrogado a centralidade do tabu do incesto na formação das estruturas elementares do parentesco (RODRIGUES, 2012). No debate contemporâneo a respeito do que é uma família, as relações heteronormativas estão na origem da discriminação a famílias chefiadas por mulheres, das experiências de parentalidade e das políticas de adoção de crianças por casais homoafetivos. Em 2016, pouco depois de o livro ser traduzido no Brasil, retomei sua leitura em um curso no Programa de Pós-Graduação em Filosofia do Instituto de Filosofia e Ciências Sociais da Universidade Federal do Rio de Janeiro (PPGF – IFCS-UFRJ),[24] avançando para o debate de Butler com a leitura de Hegel e de Lacan para a peça de Sófocles. Meu objetivo, então, era perseguir o tema da distribuição desigual do luto público (RODRIGUES, 2017a), tal qual aparece em *Vida precária* (BUTLER, 2004a [2019b]) e *Quadros de guerra* (BUTLER, 2009 [2015c]). Venho trabalhando com a ideia de que o luto, como objeto, já estava em germe desde *O clamor de Antígona*, embora só tenha se desenvolvido após o 11 de Setembro, e que tem

---

[24] A criação da linha de pesquisa Gênero, Raça e Colonialidade, em 2016, no Programa de Pós-Graduação em Filosofia (PPGF/UFRJ), fortaleceu as pesquisas sobre Butler na filosofia, mas não apenas. Ampliou as possibilidades de diálogo entre gênero e filosofia, a leitura de feministas latino-americanas, do feminismo descolonial, e trabalhos críticos ao racismo. O PPGF conta com dois laboratórios de pesquisa voltados para a área de filosofia e gênero: Antígona – Laboratório de Filosofia e Gênero, coordenado pela professora Susana de Castro Amaral Vieira, a primeira coordenadora do Grupo de Trabalho Filosofia e Gênero na Anpof, criado em 2016; e o laboratório Filosofias do Tempo do Agora, coordenado por mim e por Claudio Oliveira. O Núcleo de Ética Aplicada, coordenado pela professora Maria Clara Dias e pioneiro dentro do PPGF na abordagem de temas relacionados a gênero, hoje está ligado ao Programa de Pós-Graduação em Bioética, Ética Aplicada e Saúde Coletiva (PPGbios).

a função política de fazer a ligação entre a materialidade dos corpos carregados de marcadores interseccionais e a crítica da violência de Estado como argumento político.

Depois de traçar esse panorama tão pessoal quanto político – e, por isso mesmo, cheio de escolhas e desvios localizados –, gostaria de discutir uma questão com a qual venho me debatendo desde que tomei a decisão de ampliar minha pesquisa para além dos problemas de gênero. Tenho insistido em não dividir a obra da autora em duas partes, a primeira dedicada "apenas" ao gênero, a segunda, mais ampla e, portanto, menos regional, o que serviria para confinar os problemas de gênero num lugar de saber que, embora transversal e multidisciplinar, nunca chegaria a alcançar estatuto de tema político. Todo debate sobre gênero é, desde sempre, político: os problemas de gênero perpassam toda a filosofia de Butler, seja quando está tratando da distribuição desigual de luto público e percebe que a perda de certas vidas importa menos, o que termina por autorizar a violência contra elas; seja quando está propondo uma "aliança centrada na oposição à violência de Estado e sua capacidade de produzir, explorar e distribuir condições precárias e para fins de lucro e defesa territorial" (BUTLER, 2015c [2009], p. 55), ou quando está interrogando a estrutura colonial da dominação de Israel sobre a Palestina (BUTLER, 2017b [2012]). Some-se a isso a crescente influência do trabalho de sua companheira, Wendy Brown, nos seus textos mais recentes, e teremos uma crítica aguda do neoliberalismo e de suas formas de produzir precariedades em políticas voltadas a tornar ainda mais vulneráveis aqueles cujas vidas já são tomadas como matáveis desde o nascimento.

É por esse caminho de crítica ao neoliberalismo que ela retoma o debate sobre precariedade e vulnerabilidade em *Corpos em aliança* (BUTLER, 2015a [2018a]) e adere a um tema caro ao trabalho de Brown (2006), a desdemocratização, que me parece oferecer um desafio a mais para a leitura da filósofa no Brasil. Butler defende uma democracia radical como instrumento de enfrentamento da violência de Estado. A principal tarefa de uma democracia radical seria enfrentar, confrontar, interrogar, questionar, fazer oposição à violência de Estado. Justificada em função da defesa dos territórios, essa violência é fonte de lucro e se fundamenta na força de exploração da precariedade dos corpos. Com Butler, tenho argumentado que só haverá democracia (radical) quando e se qualquer corpo – independentemente de seus marcadores – não estiver desigualmente exposto à violência estatal, institucional e de mercado. Trata-se de afirmar que a violência é maior e mais aguda contra gêneros não inteligíveis na ordem heteronormativa, bem como é maior e mais aguda em pessoas racializadas. Desde o início, Butler está interessada em interrogar a existência de "gêneros inteligíveis", aqueles sustentados em relações de coerência e continuidade entre sexo, gênero, prática sexual e desejo, possíveis apenas se pudéssemos discernir os elementos biológicos, psíquicos, discursivos e sociais. Aos poucos, seu interesse se voltará também para a violência racial contra a população negra, imigrante, problemas que participam do debate a respeito da crítica à violência de Estado e sua distribuição desigual de precariedade a partir de marcadores de gênero, de sexualidade e de sobreposições entre raça, classe, religião, lugar de nascimento, moradia etc.

Nessa ontologia corporal, faz-se necessário pensar de que forma a democracia vem sendo mobilizada a fim de manter a separação entre corpos que merecem viver e corpos que merecem morrer, considerando que os corpos de mulheres, gays, lésbicas, jovens negros, moradores de favelas e periferias, pessoas trans são corpos marcados e expostos à violência de Estado, que detém dois privilégios:

o de criar e o de manter indeterminada a fronteira entre quem pode e quem não pode viver. Restaria como questão tentar nomear essa violência cuja origem não se limita a uma única fonte – Estado, capital ou direito – nem à combinação dessas três fontes, mas pode emergir de qualquer lugar contra qualquer um.

Quando posto no contexto brasileiro, o debate em torno da defesa da democracia radical expõe complexidades políticas e históricas próprias. O Brasil carrega no seu cotidiano imenso manancial de violência, discriminação, preconceito, ódio, arbitrariedade, fragilidade institucional, de tal modo que ao pesadelo brasileiro de expansão de forças de extrema direita se acrescenta o fracasso do processo de redemocratização (TELES, 2015). Encontrar caminhos para a defesa de uma sociedade mais igualitária passa por uma política pública de luto e de memória, a respeito da qual a filosofia de Butler pode ser de grande valia. No entanto, ainda cabe a nós, pesquisadores e pesquisadoras, localizar esses saberes no contexto político e social brasileiro, a partir de uma perspectiva crítica que ofereça chaves de inteligibilidade para questões que nos afetam.

Num momento em que todas as perspectivas de futuro parecem estar capturadas – seja pela expansão das forças políticas de extrema direita, seja com o aprofundamento de todos os indicadores de precarização da vida, agudizados pela pandemia, espécie de lente de aumento para as desigualdades já existentes –, a mim parece urgente fazer dessa possibilidade de futuro uma tarefa, seguindo de perto os passos de Edson Teles (2018), para quem, no Brasil, fazer filosofia é sempre fazer filosofia política.[25]

---

[25] Agradeço ao professor Edson Teles (Unifesp) as generosas oportunidades de interlocução.

**SEGUNDA PARTE**

# Luto e despossessão

# Por uma teoria política do luto[26]

Pela disseminação de um vírus até então desconhecido – o HIV –, a comunidade LGBTQI+ conheceu a versão contemporânea da tragédia de Sófocles em que a protagonista, Antígona, reivindica o direito de enterrar o irmão. Intelectuais, artistas, músicos, escritores e filósofos foram privados do direito de receber honras fúnebres por terem sido vítimas do que então se chamava "peste gay".[27] A violência da denominação combinava "peste", doença

---

[26] Originalmente, "Por uma filosofia política do luto", publicado na revista *O Que Nos Faz Pensar*, Rio de Janeiro, PUC-Rio, v. 29, n. 46, p. 58-73, jul. 2020.

[27] No Brasil, o HIV fez muitas vítimas, mas chegou num momento político diferente. A promessa de redemocratização – inconclusa, como hoje é evidente – nos levava de volta às ruas e quebrava o silêncio imposto por mais de duas décadas de ditadura militar. O vírus da aids, embora também tenha feito numerosas vítimas, tornou-se mais uma bandeira por direito à saúde, e, ao longo dos anos seguintes, o país viria a se tornar modelo de política de prevenção e tratamento. Coube à família Souza – Betinho, Henfil e Chico Mário – ser símbolo da doença e da necessidade de falar dela (SOUZA; PARKER, 1994). Os três irmãos hemofílicos contaminados por transfusões de sangue, à época não testado, não precisavam temer o estigma trazido pelo vírus. A fundação da Associação Brasileira Interdisciplinar de Aids

para a qual não se tem cura ou alívio, com o horror à homossexualidade, ainda presente de forma tão marcante na cultura. A combinação produziu discriminação em vida e tornou proscritos os mortos. Atestados escondiam a causa do óbito; muitas vezes, as famílias eram impedidas de realizar funerais, e amigos e amigas perdiam a chance da última despedida e homenagem. Corriam os anos 1980, o governo Reagan ignorava a necessidade de criar uma política de saúde para um vírus que parecia só acometer homens "depravados" que, por isso, não mereciam cuidado nem vivos nem mortos.

A primeira referência ao luto na obra de Judith Butler é de 1990, está em *Problemas de gênero* (BUTLER, 2003 [1990]) e menciona o fracasso no reconhecimento das vidas perdidas para o vírus da aids. Nesse livro, o tema principal é a crítica da identidade, que, desde o subtítulo – "feminismo e subversão da identidade" –, indica subverter uma concepção universal de mulher que até então orientava a política feminista. Esse seu primeiro gesto político-filosófico se dá em sintonia com o pós-estruturalismo e num contexto histórico em que feministas negras reivindicavam o conceito de interseccionalidade a fim de apontar a insuficiência de fazer do feminismo mero instrumento para que mulheres brancas tentassem alcançar – sem, na prática, chegar a conseguir – o mesmo estatuto formal dos homens brancos. Nos Estados Unidos, *Problemas de gênero* é contemporâneo, por exemplo, das formulações de Kimberlé Crenshaw sobre interseccionalidade (CRENSHAW, 1991) e alguns anos posterior ao livro em que bell hooks apresenta a questão (HOOKS, 1981 [2019].

Por compreender que o gênero é apenas um dos marcadores do corpo feminino, não o único, Butler recusa a

---

(Abia) e as pesquisas no campo da saúde coletiva abriram caminho para a elaboração do luto pelas vidas perdidas para o HIV.

diferença sexual binária e pensa a partir de uma interseccionalidade radical. Em *Corpos que importam* (BUTLER, 2019a [1993]), livro seguinte, lançado em 1993, ela volta ao tema do luto, ainda de modo conciso, apontando a importância de manifestações de luto coletivo cujo objetivo político foi abrir espaço para processos que haviam sido "frustrados e proscritos". Nos Estados Unidos, ela menciona como exemplo o projeto NAMES, especificamente voltado para as vítimas de HIV/aids, mas aqui é possível mencionar outros processos de luto por vidas perdidas e não reconhecidas. As Mães da Praça de Maio, na Argentina, e os movimentos das mães em luto por filhos assassinados pela polícia, no Rio de Janeiro e em São Paulo, são alguns exemplos de como a reivindicação do direito ao luto se dá como forma de luta política (SANTIAGO, 2020).

## Luto e reconhecimento

A primeira abordagem mais ampla de Butler ao tema do luto está em *A vida psíquica do poder* (BUTLER, 1997c [2017a]), em que ela começa por apresentar sua leitura de *Luto e melancolia* (FREUD, 2011b) para, em seguida, dedicar-se a trabalhar a diferença entre as proposições freudianas expressas nesse texto de 1917 e as reformuladas em "O Eu e o Isso", de 1923 (FREUD, 2011c). Ela encontra, de modo interessado, uma distinção: em 1917, Freud havia proposto uma compreensão de luto e de melancolia como reações diferentes à perda de um objeto amado, sendo o luto um processo finito, após o qual o sujeito recupera sua capacidade de refazer o investimento libidinal em um novo objeto, e a melancolia, um processo infinito, em que a perda do objeto se transforma também numa perda do Eu, identificado com a condição de objeto perdido. O processo de internalização dos amores perdidos passará a ser, para Freud, um aspecto crucial na formação do Eu. Butler se vale de Freud para reforçar o que já vinha sendo seu argumento central desde *Subjects of Desire*: o Eu é uma categoria instável, em permanente atravessamento pelo outro (BUTLER, 1999b).

Neste pequeno inventário, é preciso destacar *O clamor de Antígona* (BUTLER, 2000 [2014]), livro em que ela propõe novas abordagens para a tragédia de Sófocles, percebendo uma coimplicação entre Antígona e Creonte, e interrogando as hipóteses de que ela possa ser representante do parentesco ou do paradigma feminista de confronto com o Estado. A autora restabelece seu debate com Hegel, dessa vez para retomar e expandir o significado da morte. Se, para o filósofo alemão, a morte é compreendida como o Absoluto, ali onde a vida do espírito culmina e se realiza, haveria, na interlocução de Butler com Hegel, um deslocamento da morte para o luto – foi essa a hipótese a partir da qual comecei a trabalhar o tema do luto na filosofia dela (RODRIGUES, 2017a). Antígona serve a Butler como um duplo paradigma: por um lado, nem todos os mortos têm o mesmo direito de ser enlutados, como comprova a proibição de Creonte ao enterro de Polinices; por outro, nem todos os vivos têm o direito de reconhecer seus mortos, como comprova a punição imposta por Creonte a Antígona.

Se, como quer Hegel, a morte é central na luta por reconhecimento, se é a morte que dá sentido à vida, então é preciso, seguindo a leitura de Butler, universalizar o direito ao luto e superar a hierarquia entre quem tem direito a ser enlutado e quem não tem, porque essa distinção enquadra certos modos de vida como inteligíveis e outros como não. Ou, como ela vai argumentar depois, essa é a distinção que separa humanos de não humanos. Há um movimento permanente de relação entre a vida e a morte, perceptível a partir do processo de luto como mecanismo de elaboração de todas as perdas que nos constituem. Essa relação entre vida e morte depende de uma concepção de vida que não seja absoluta, mas interdependente, e de um conceito de morte que não esteja marcado pela noção de fim.

Assim, o luto desliza de categoria clínica para ocupar um lugar central na filosofia política de Butler, e a interdependência entre as vidas amplia o lugar que até então a relação com a alteridade havia ocupado na concepção do Eu como aquele que se constitui na relação com o outro. Minha vida começa antes e continua depois de mim, de tal modo que a própria noção de indivíduo autônomo fica abalada. Somos feitos e desfeitos uns pelos outros, numa rede de relações que nos antecedem, das quais dependemos mesmo sem saber, e continuamos a existir em um trabalho de luto como política de memória.

Para isso, no entanto, é preciso compreender não apenas, por óbvio, que todas as vidas importam, mas também como se produz, sustenta-se e se move a distinção entre os corpos que *importam* e os corpos que *pesam*, seguindo aqui o jogo do título do livro *Bodies that Matter*.[28] Talvez haja uma possibilidade única de reconhecer, no momento em que a pandemia do coronavírus faz corpos se empilharem por todos os continentes, a emergência daquilo mesmo que Butler reivindicava desde o 11 de Setembro: a experiência da perda é universal. *O clamor de Antígona* exerce, assim, um duplo papel na abertura de novas questões na filosofia butleriana, e por isso o considero um marco da sua trajetória

---

[28] Quando traduziu o primeiro capítulo do livro, Tomaz Tadeu da Silva optou por trabalhar com o sentido de peso que o termo *"matter"* também carrega em inglês. Assim, *Bodies that Matter* foi traduzido por "Corpos que pesam" (BUTLER, 2001). A tradução em espanhol optou por *Cuerpos que importan* (tradução de Alcira Bixio. 2. ed. Buenos Aires: Paidós, 2019) e foi seguida pela edição brasileira, *Corpos que importam* (BUTLER, 2019a).

filosófica. Embora eu recuse a divisão da obra de Butler em dois momentos, sendo o primeiro dedicado ao gênero e o segundo, à ética, proponho que os livros posteriores ao 11 de Setembro ecoam, com maior ou menor intensidade, o debate sobre o direito de Antígona de enlutar Polinices como duplo movimento de reconhecimento.

## Luto, perda e despossessão

Publicado em 2004, *Vida precária* (BUTLER, 2019b [2004a]) reúne um conjunto de textos que começaram a ser escritos logo depois do 11 de Setembro. É quando Butler consolida a articulação entre um problema teórico até ali incipiente e uma questão política imensa, que pode ser formulada hoje em termos globais: como um país, uma sociedade, um governo enfrentam uma perda coletiva? A impossibilidade de velar e enterrar o corpo é um impedimento ao trabalho de luto, cujo primeiro – e, eu acrescentaria, mais difícil – passo depende de aceitar a perda. Nesse sentido, a principal função do rito funerário é dar concretude à morte. Butler soma a esse processo subjetivo a necessidade de pensar a dimensão pública do luto, articulando a perda particular à coletiva. "Muitas pessoas pensam que o luto é privado, que nos isola em uma situação solitária e é, nesse sentido, despolitizante. Acredito, no entanto, que o luto fornece um senso de comunidade política de ordem complexa, primeiramente ao trazer à tona os laços relacionais que têm implicações para teorizar a dependência fundamental e a responsabilidade ética" (BUTLER, 2019b, [2004a], p. 43).

Esse sentido de comunidade política complexa é o que tem me interessado na obra de Butler, que persegue essa ligação entre vida, morte e comunidade, quando escreve que "enlutar a perda da possessão é precondição para o amor" (BUTLER, 2015b, p. 110). O amor, em Hegel, é o que faz a comunhão entre duas pessoas e também faz o laço numa comunidade, tema que já está presente no segundo capítulo de *Vida precária*: "Proponho considerar uma dimensão da vida política que tem a ver com a nossa exposição à violência e a nossa cumplicidade para com ela, com a nossa vulnerabilidade à perda e ao trabalho de luto que se segue, e com a busca de uma base para a comunidade em tais condições" (BUTLER, 2019b, [2004a], p. 39).

Eis o argumento de que a função do luto na filosofia de Butler é a de constituir um laço social a partir da experiência de perda. Há uma zona de indeterminação no sujeito constituído pela alteridade, mas é como se essa indeterminação se tornasse mais explícita na experiência da perda. Aqui é importante observar a dimensão de um segredo: não somos capazes de saber o que perdemos no objeto perdido, e a sua incorporação não se dá completamente. Quando perdemos alguém, nem sempre sabemos o que se perdeu daquela pessoa, mas fazemos a experiência de nos tornar despossuídos. E a despossessão é uma maneira de politizar a perda e o luto, como ela argumentará em 2013, ao publicar *Dispossession: The Performative in the Political* (ATHANASIOU; BUTLER, 2013).

O trabalho político de luto tem uma dimensão de crítica ao individualismo, que a autora vai reforçando nos escritos posteriores a *Vida precária*. De *Relatar a si mesmo* (BUTLER, 2015d [2005]) destaco a breve subseção "Questões pós-hegelianas", em que o tema da perda aparece em outra abordagem: "Se seguirmos a *Fenomenologia do Espírito*, sou invariavelmente transformada pelos encontros que vivencio; o reconhecimento se torna o processo pelo qual eu me torno outro diferente do que fui e assim deixo de ser capaz de retornar ao que eu era. Desse modo, há uma perda constitutiva no processo de reconhecimento, uma vez que o 'eu' é transformado pelo ato de reconhecimento" (BUTLER, 2015d, p. 41).

Talvez por ter sido impelida a pensar a partir de perdas concretas, Butler parece uma filósofa adequada para nos ajudar a elaborar essas questões em relação aos mortos pela covid-19, no Brasil e no mundo. Ao entrelaçar reivindicação de direito ao luto público, crítica à violência de Estado, despossessão de si e interdependência, ela desenha uma proposição ética que desloca a morte da condição de Absoluto – como na proposição hegeliana – para a de enlutável, relacional e dada desde o início da vida.

## Luto, enquadramento e condição de enlutável

Já em 2009, quando publica *Quadros de guerra* (BUTLER, 2009 [2015c]), a autora recorre ao conceito de *enquadramento*, que ela toma da sociologia de Erving Goffman, como chave de inteligibilidade para compreender a diferença no modo como certas vidas perdidas nas guerras empreendidas pelos Estados Unidos contra o Iraque e o Afeganistão foram enquadradas como enlutáveis ou não enlutáveis. Aqui, talvez seja possível dizer, Butler dá dois passos a mais em relação ao percurso teórico que vinha traçando. Com o enquadramento, ela expande e desloca a questão do reconhecimento que havia aparecido na sua leitura de Antígona, cujo gesto de lutar pelo enterro do irmão é coextensivo à luta pelo seu reconhecimento na pólis. Trata-se agora de pensar qual é a condição de possibilidade de uma vida ser reconhecida como vida, que passa a depender de como essa vida é enquadrada e de como os enquadramentos podem ser, também eles, enquadrados. Butler se interessa pelos movimentos dos quadros em Goffman: "Durante a ocorrência de qualquer atividade enquadrada de uma determinada maneira, é provável encontrar outro fluxo de outra atividade que é sistematicamente desatendida e tratada como fora de quadro, algo pelo qual não se deve mostrar nenhum interesse ou atenção" (GOFFMAN, 2012, p. 264).

O objetivo de Goffman era analisar as relações sociais não apenas a partir dos sistemas e das grandes estruturas, mas também considerando principalmente as interações pessoais nas suas características microscópicas, de modo a pensar como cada indivíduo produz sua experiência pessoal a partir do que é capaz de "enquadrar" como real. Quando Butler recorre a Goffman para pensar os "quadros de guerra", faz dois movimentos: alinha-se ao conceito de Goffman e, ao mesmo tempo, amplia as suas possibilidades de uso. Em inglês, "*to be framed*" é uma expressão polissêmica (BUTLER, 2015c, [2009], p. 23). "Ser enquadrado" pode querer dizer "ser emoldurado" (num quadro), "ser incriminado" (o criminoso pela polícia) e, também, "cair numa armação".[29]

Se, com Goffman, a realidade nunca pode ser totalmente contida num quadro ou numa moldura, com Butler o que interessa é aquilo que "escapa ao controle" (p. 25) do enquadramento, o que significa que o enquadramento "não é capaz de conter completamente o que transmite", "não mantém nada integralmente em um lugar" (p. 26). Para fazer esse movimento, ela reforçará a relação entre "ser enquadrado" e "ser objeto de uma armação" (p. 27), levando o conceito de enquadramento para uma posição

---

[29] "*Frame*" também é moldura, aquilo que separa o dentro do fora, o que para Butler — recorrendo ao filósofo Jacques Derrida — será uma questão: "A moldura nunca determinou realmente, de forma precisa, o que vemos, pensamos, reconhecemos e apreendemos. Algo ultrapassa a moldura que atrapalha nosso senso de realidade; em outras palavras, algo acontece que não se ajusta à nossa compreensão estabelecida das coisas" (BUTLER, 2015c, p. 24).

mais dialética, na qual enquadrar e romper com o enquadramento são dois movimentos que caminham juntos.

Oferecer reconhecimento e estabelecer a condição de possibilidade de reconhecimento caminha junto, mas pensar apenas no reconhecimento é insuficiente para pensar no que enquadra a condição de ser reconhecido. Do mesmo modo, pensar no luto – ainda que deslocado da categoria clínica para uma categoria ético-política – é insuficiente, porque é preciso pensar o que enquadra certas vidas como enlutáveis. E, por fim, pensar a precariedade, essa que acomete as mulheres, os negros, os pobres, os gays, as lésbicas, as pessoas trans, também é insuficiente sem refletir sobre qual é a condição de possibilidade de enquadrar exatamente essas vidas como precárias e outras não. Enquadrar o enquadramento é outra maneira de dizer que a tarefa é pensar não apenas na precariedade de cada uma dessas formas de vida, mas também no que sustenta a condição de possibilidade de manter essas vidas precárias.

## O luto por Marielle Franco como paradigma

Na noite de 14 de março de 2018, por volta das 21 horas, após participar de um de seus compromissos regulares na agenda, um debate na Casa das Pretas, no Centro do Rio de Janeiro, a vereadora carioca Marielle Franco (PSOL), acompanhada de uma assessora, voltava para casa no carro dirigido pelo motorista Anderson Gomes. Na passagem pela Rua Joaquim Palhares, no bairro do Estácio, também região central da cidade, o automóvel onde estava foi cravejado por 13 tiros, três dos quais acertaram Marielle na cabeça e um no pescoço. À execução de Marielle e de seu motorista seguiram-se numerosas manifestações de protesto, luto e celebrações pelo seu legado de luta. O objetivo desta seção é refletir sobre como essas diversas formas de homenagem a Marielle Franco se enquadram no debate sobre vidas enlutáveis. A fim de percorrer essa ideia, começo retomando a relação entre luto e estado de exceção discutida pelo filósofo Giorgio Agamben para, em seguida, apresentar a função política do luto tal qual pensada por Butler. Discuto, por fim, como as diferentes formas de simbolização da perda de Marielle Franco podem ser pensadas a partir do modo como Butler mobiliza o luto como categoria ético-política.

Em um capítulo muito específico do livro *Estado de exceção*, Agamben trata da questão do luto a partir de uma pergunta: como o *iustitium*, "um termo do direito público, que designava a suspensão do direito numa situação da maior necessidade política, pôde assumir o significado mais anódino de cerimônia fúnebre por ocasião de um luto de família?" (AGAMBEN, 2004, p. 101). O que nos interessa na questão de Agamben é a referência ao que ele considera uma "estranha passagem" que fez com que o termo *"iustitium"* – cujo significado literal era "suspensão do direito" – tenha passado, com o tempo, a designar luto público. Encontramos na identificação entre suspensão do direito e luto público a hipótese de propor uma relação entre direito ao luto e estado de exceção, apoiando-nos em Agamben:

> Os romanistas e os historiadores do direito não conseguiram ainda encontrar uma explicação satisfatória para a singular evolução semântica que leva o termo *iustitium* – designação técnica para o estado de exceção – a adquirir o significado de luto público pela morte do soberano ou de um parente próximo a ele. [...] Como os períodos de anomia e de crise, em que se assiste a um desmoronamento das estruturas sociais normais e a uma falência dos papéis e das funções que pode chegar à completa inversão dos costumes e dos comportamentos culturalmente condicionados, assim também os períodos

de luto são, frequentemente, caracterizados por uma suspensão e uma alteração de todas as relações sociais (AGAMBEN, 2004, p. 101-102).

Em seguida, Agamben cita o romanista William Seston, observando que as explicações para a passagem de *iustitium* a luto público são "insuficientes":

> Nos funerais imperiais, sobrevive a recordação de uma mobilização [...]. *Enquadrando* os ritos fúnebres em uma espécie de mobilização geral, suspendendo os negócios civis e a vida política normal, a proclamação do *iustitium* tendia a transformar a morte de um homem numa *catástrofe nacional*, num drama em que cada um, *querendo ou não*, era envolvido (SESTON, 1980, p. 171 *et seq. apud* AGAMBEN, 2004, p. 104, grifos meus).

Podemos, a meu ver, enquadrar os rituais fúnebres por Marielle, cujo assassinato foi uma catástrofe nacional, num paradigma de suspensão da "vida política normal". Para isso, recupero a distinção elaborada por Seston. Segundo o autor, vigoravam na Roma antiga dois tipos de luto público: o *decretado*, que era precedido de uma consulta ao Senado romano e interrompia todas as atividades, mesmo as de guerra; e o *dedicado* aos mortos da família do imperador Júlio César, em que um ato legislativo organizava as provas de tristeza pública reivindicada aos cidadãos. Tudo se passa como se a distinção entre o luto *decretado* após consulta pública e o luto *dedicado* ao imperador desaparecesse: "O que se viu [com o tempo] foi uma mistura das manifestações de luto e das medidas de manifestação de ordem jurídica e militar que são próprias ao *iustitium*" (SESTON, 1980, p. 173). Essa recuperação histórica feita por Agamben e a palavra "mistura" usada por Seston ("*mêlée*", no original em francês) nos servirão para pensar como se deu, no luto por Marielle, essa "mistura" entre a dimensão da perda individual e a da perda coletiva.

O velório público na Cinelândia, no Rio de Janeiro, e as manifestações espontâneas que se seguiram pelas principais capitais do país me levam a retomar a ideia de *mistura* – encontrada por Agamben em Seston – entre o luto público decretado por qualquer um mediante consulta pública e o luto dedicado ao soberano. Por ser titular de um mandato de vereadora, Marielle Franco pôde ser velada na Câmara Municipal e ter as honras fúnebres declaradas pelo poder público. Essas formas institucionais de luto, garantidas pela equipe de seu gabinete na Câmara Municipal e pelo PSOL – organizadores do velório nas dependências da casa legislativa –, misturaram-se às demonstrações espontâneas de luto, mobilizadas por pessoas comuns, sobretudo por mulheres e por jovens negras.[30] O *iustitium* por Marielle Franco tanto foi *dedicado* pelos poderes oficiais quanto foi *decretado* pela população carioca que enlutava uma vereadora da cidade e que, portanto, podia encarnar a sua representação. Há aqui nesse aspecto de representação a possibilidade ainda de pensar que os rituais fúnebres por Marielle eram uma rememoração de todas as pessoas negras moradoras de favelas já mortas por violência e pelas quais não é possível decretar luto.

Uma das explicações para que o termo "*iustitium*", que designava estado de exceção, tenha se tornado a expressão para luto público estaria, segundo Agamben, em um ponto em comum entre os dois – a anomia ou ausência de lei que marca tanto a declaração de estado de exceção quanto o luto público declarado para a suspensão da ordem vigente e a homenagem ao soberano. Em ambos os períodos, há

---

[30] Agradeço à professora Miriam Hermeto (UFMG) a aguda percepção sobre essa hipótese de leitura, e aos professores Guilherme Massara e Gilson Ianini (UFMG) o diálogo em relação ao deslocamento do luto de categoria psicanalítica para categoria ético-política na filosofia de Judith Butler.

uma proposital suspensão e alteração das relações sociais e da lei (AGAMBEN, 2004, p. 102). O que estamos destacando nas manifestações – tanto no Rio de Janeiro quanto nas principais capitais do país – é a possibilidade de chamá-las de declaração de estado de exceção nos inúmeros movimentos de enlutar Marielle Franco. No dia do velório na capital carioca, a caminhada da Cinelândia até a Assembleia Legislativa, onde havia um ato de protesto organizado pelo PSOL, seguia em um silencioso e impressionante cortejo, conquistando ali, na ocupação daquele espaço, o direito ao luto. Era impossível que qualquer transeunte saindo do trabalho ou se movimentando pelo Centro do Rio de Janeiro ficasse indiferente à multidão vestida de preto que, a cada passo, evocava "Marielle, presente. Hoje e sempre". Foram essas primeiras formas de luto público que suscitaram em mim e no grupo de pesquisa que coordeno a articulação do significado ético-político do luto por Marielle Franco com o que já perseguíamos na filosofia de Butler.

Caberia começar então a pensar sobre a distinção entre vidas que importam e que, quando perdidas, devem transformar a "morte numa catástrofe", como escreveu Seston, e as vidas descartáveis, em nome das quais o luto ficará restrito ao âmbito familiar e individual. É essa a formulação do diagnóstico de Butler quando pergunta "quando a vida é passível de luto?", apontando que há vidas que, quando perdidas, dão-nos a dimensão da falta, e há vidas que não chegam a alcançar o estatuto de vidas com valor e por isso não alcançam o direito de serem enlutadas como perda coletiva. Marielle Franco foi enlutada, *ao mesmo tempo*, como perda individual e coletiva, representando, em seu assassinato, outras tantas vidas de mulheres, negras, moradoras de favela, que têm sido assassinadas sem direito a luto público, mantendo a perda restrita ao ambiente familiar e matando também a possibilidade de reconhecimento da vida perdida.

# Rua Marielle Franco

Rituais fúnebres são práticas para lembrar aos vivos de amanhã a existência dos mortos de ontem e de hoje. "Celebração e rememoração são tentativas concretas de transformar a morte pessoal no objeto de um lembrar permanente, constante, de modo a confrontar o inevitável da morte de cada um com a imagem utópica de uma imortalidade coletiva", como nos diz Jeanne Marie Gagnebin (2014, p. 15). Nos rituais fúnebres por Marielle *se misturavam* aqueles que a enlutaram para reconhecê-la – o que, por sua vez, também produzia reconhecimento em quem se empenhava por honrar sua memória – e os que faziam do luto público uma forma de manter vivas as próprias lutas. Na celebração ecumênica realizada na praça da Cinelândia, no sétimo dia de sua morte, havia uma perceptível diferença entre as falas de pessoas que conheciam Marielle e as que estavam ali para protestar contra a violência arbitrária da qual ela foi vítima. De um lado, as pessoas que tinham com Marielle uma relação pessoal, sobretudo mulheres negras, faziam celebrações pela perda individual, a perda do que Marielle significava para cada uma; de outro, muitos convidados e convidadas prestavam homenagens ao que a morte dela representava para a vida coletiva. Nessa celebração, a praça da Cinelândia já tinha outro perfil de público, diferente daquele do dia do velório. Misturavam-se entre os presentes pessoas que saíam do trabalho, pessoas que não necessariamente tinham estado no velório, pessoas que estavam ali participando de um comício: havia palmas, música, conversa, barulho, algazarra. O silêncio fúnebre que ocupara a escadaria uma semana antes dava lugar a um acontecimento político realizado e mobilizado *em nome do luto* por Marielle, já carregado de elementos simbólicos para além da perda individual, indicando que a execução daquela mulher nos levava, coletivamente, a um tipo inédito de insegurança sobre o futuro.

Os protestos contra o seu assassinato começaram então a se misturar àqueles contra as diferentes formas de violência que marcam o cotidiano das pessoas negras e moradoras de favela no Rio de Janeiro. Foi ali também que começou o episódio que identifico como um paradigma dessa mistura: a troca da placa de rua ao lado da Câmara Municipal. Num gesto simbólico, a placa que indicava "Praça Floriano", nome oficial da Cinelândia, foi sobreposta por uma réplica que batizava o lugar de "Rua Marielle Franco". Sabemos que nomear ruas, prédios públicos e monumentos é uma política de Estado, que não se dá sem trâmites legais que dependem do poder Executivo. No dia seguinte à morte de Marielle, instado a dar um depoimento, o então prefeito da cidade do Rio de Janeiro, Marcelo Crivella, anunciou que daria o nome dela a uma escola municipal no distante bairro de Pedra de Guaratiba, na Zona Oeste da cidade. Essa política de nomeação, embora oficial, parecia dissociada do tipo de homenagem que a população da cidade pretendia prestar, marcando a memória por Marielle Franco nos lugares em que a história dela havia sido escrita. A placa na praça ao lado da Câmara Municipal indicava, nesse sentido, a perpetuação de seu trabalho como vereadora e como defensora dos direitos humanos.

Cerca de sete meses mais tarde, logo depois do primeiro turno das eleições gerais de 2018, essa placa foi retirada da Cinelândia, provocando a manifestação "Distribuição de Mil Placas para Marielle", que inicialmente anunciara a intenção de arrecadar recursos para confeccionar 100 placas. A adesão à campanha foi tão grande que se imprimiram 1,7 mil placas para o ato de 14 de outubro. Outras iniciativas, com o apoio da gráfica contratada para a primeira impressão, permitiram – e ainda permitem, no site www.ruamariellefranco.com.br – que qualquer pessoa encomende placas a preço de custo.

Desde o primeiro ato de protesto, uma rede de voluntários se organizou em torno da campanha para espalhar as placas "Rua Marielle Franco", que indica o número 307, no bairro do Estácio, local onde ela foi executada, e onde se lê: "(1979-2018) Vereadora, defensora dos Direitos Humanos e das minorias, covardemente assassinada no dia 14 de março de 2018".

A multiplicação das placas fez da iniciativa não apenas uma forma de protesto contra a violência da qual ela e o motorista Anderson Gomes foram vítimas, mas também um ato eleitoral. O contexto fluminense contava com um candidato que concorria ao governo do estado do Rio de Janeiro com um discurso de eliminação de direitos humanos na linha "direitos humanos para humanos direitos", argumento moral que discuto, neste volume, no capítulo "Interdependência e moralidade: um debate com e contra Butler". Seu objetivo era produzir identificação com a pauta do candidato à Presidência da República pelo Partido Social Liberal (PSL), mesmo partido dos dois candidatos responsáveis pela arrancada e destruição da placa da Cinelândia. Num comício no final da campanha para o governo do estado, esses homens quebraram a placa "Rua Marielle Franco", expondo ali o quanto as ações de memória pela vereadora estavam incomodando as forças políticas contra as quais ela lutara. Assim, a disputa pelo direito ao luto por Marielle Franco invadiu o cenário eleitoral de 2018. A reivindicação de reconhecimento foi a tônica em candidaturas de mulheres negras, algumas muito diretamente ligadas à vereadora assassinada, como sua chefe de gabinete, Monica Francisco, eleita deputada estadual pelo PSOL naquele ano. Dados do Congresso em Foco indicam que o estado do Rio de Janeiro teve maior número de candidaturas de mulheres negras naquele ano: 237 se candidataram, e 6 foram eleitas, um aumento de 151% em relação aos dados das eleições de 2014.

Há inúmeras outras iniciativas de rememoração da vida de Marielle Franco: lugares batizados com seu nome, no Brasil e no exterior – como o Jardim Marielle Franco, em Paris, uma estação de metrô em Buenos Aires e uma rua em Lisboa –, são indicação de políticas de memória que buscaram promover reconhecimento à perda de uma vida cujo valor estava além da sua própria vida, simbolizando os valores e princípios pelos quais ela lutara. Interessa observar que a nomeação de lugares públicos é também um indicador da hipótese de *mistura* com a qual trabalho. É uma política oficial de luto público batizar praças, ruas e outros locais públicos como forma de inscrever esses nomes na história.[31] Ou seja, é uma forma de luto que se assemelha ao luto decretado pelo soberano. No entanto, no caso da nomeação de lugares de memória por Marielle Franco, podemos pensar em dois tipos de iniciativa que *se misturam*: as oficiais, que decretaram o uso de seu nome por todo o país e também no exterior, como nos exemplos citados; e as populares, que *declararam* a necessidade de escrever seu nome na história. Um mapa interativo, no qual quem tiver uma placa pode cadastrá-la, é um documento que atesta a força dessa iniciativa espontânea e popular.

## Luto, biopolítica e necropolítica: violência colonial e neocolonial

É quando Butler se encontra com a filosofia de Achille Mbembe e começa a dialogar com o conceito de necropolítica que me parece haver uma articulação potente entre

---

[31] Destacamos como paradigma de política de memória o projeto Rua Viva, que desde 1994 já renomeou 163 ruas da cidade de Belo Horizonte com nomes de militantes contra a ditadura civil-militar (1964-1985), que substituíram nomes de pessoas ligadas ao regime de tortura, violência e opressão.

esse conceito e luto, até então associado ao conceito foucaultiano de biopolítica. Aqui, é preciso recuar a 2012 para relembrar o discurso de Butler quando ela é homenageada na Alemanha com o Prêmio Adorno. No discurso, ela articula explicitamente luto e biopolítica:

> Se apenas uma vida enlutável pode ser valorizada, e valorizada através do tempo, então somente uma vida passível de luto será qualificada para apoio social e econômico, habitação, cuidados de saúde, emprego, direitos de expressão política, formas de reconhecimento social e condições para a agência política (*Handlungsfähigkeit*). Alguém deve, por assim dizer, ser digno de luto antes mesmo de se perder, antes mesmo de qualquer questão de ser negligenciado ou abandonado, e deve ser capaz de viver uma vida sabendo que a perda desta vida que eu sou seria enlutada, e por isso todas as medidas serão tomadas para evitar tal perda (BUTLER, 2018c, p. 216; 2018a, p. 218, tradução modificada).

Nesse mesmo ano, Butler publica *Caminhos divergentes* (BUTLER, 2017b [2012]), em que retoma e desenvolve uma forte crítica da violência do Estado de Israel contra o povo palestino. A partir daqui, poderíamos traçar uma conexão mais profunda entre a aproximação feita pela autora entre o conceito de necropolítica em Mbembe e a crítica ao que ela chama de violência neocolonial de Israel contra a Palestina. Mas não sem antes retomar a importância de Foucault.

O filósofo francês aparece como referência fundamental, seja nos debates sobre sexualidade que marcam as primeiras obras, seja no debate sobre biopolítica, quando, a partir de *Vida precária* e de novo em 2015, em *Corpos em aliança*, ela passa a articular o problema dos marcadores interseccionais que pesam sobre os corpos com o da racionalidade neoliberal que induz a precariedade sobre certas formas de vida. Racismo, misoginia, homofobia, lesbofobia, transfobia, preconceito religioso são algumas formas de indução de precariedade que pesam mais sobre certos corpos do que sobre outros. Nesse momento, Butler se dedica a fazer a crítica da precariedade aliando-se a Foucault e ao modo de pensar biopoder como uma lógica de violência de Estado que se acirra na racionalidade neoliberal.

Em seu livro mais recente, *The Force of Nonviolence*, lançado em fevereiro de 2020 nos Estados Unidos, ela retoma uma clássica referência ao conceito de biopoder em Foucault: a relação entre o racismo e a biopolítica. "A raça, o racismo, é a condição de aceitação de tirar a vida numa sociedade de normalização [...] o racismo é indispensável como condição para poder tirar a vida de alguém, para poder tirar a vida dos outros. A função assassina do Estado só pode ser assegurada desde que o Estado funcione no modo do biopoder, pelo racismo" (FOUCAULT, 1999, p. 306).

Na minha hipótese, a partir do encontro com Mbembe, Butler passa a considerar a proposição de biopolítica de Foucault insuficiente para compreender a condição da violência colonial. Dito de forma muito resumida, Foucault concebe os dispositivos estatais do biopoder, que são os mecanismos pelos quais o Estado moderno faz a gestão da vida e da morte e que pode ser resumido em "fazer morrer, deixar viver", sendo o fazer morrer fundado nessa estrutura racista do Estado, e o deixar viver, uma espécie de abandono à precariedade, sem oferta de suporte para que certas vidas possam de fato vir a ter existência. Com Frantz Fanon, ela oferece um complemento a essa proposição ao trazer do autor a questão de como os esquemas raciais entram na percepção do que é uma vida, de que vidas são enlutáveis ou não, que vidas devem ser preservadas ou podem ser expurgadas e deixadas à morte. "O esquema histórico-racial que torna possível reivindicar 'isto é ou foi uma vida' ou 'estas são ou foram vidas' está intimamente ligado à possibilidade dos modos necessários de valorar a vida: memória, proteção, reconhecimento e proteção do vivo" (BUTLER, 2020, p. 116)

Em diálogo com a obra de Frantz Fanon, Achille Mbembe, filósofo camaronês, pensa a separação entre vidas humanas e vidas não humanas a partir da violência colonial (MBEMBE, 2017, 2018a, 2018b, 2019). Dito de outro modo, a necropolítica, tal qual ele a propõe, é um mecanismo de nos dividir entre humanos e não humanos, e fazer, com isso, que somente certas vidas tenham direito à existência. Nesse ponto, proponho que a necropolítica de Mbembe se encontra com o modo como Butler compreende o direito ao luto, também como uma divisão entre humanos e não humanos. Por isso, a condição de enlutável não é algo que se dê apenas quando a morte acontece, mas, bem ao contrário, ser enlutável é condição para que uma vida seja cuidada desde o seu nascimento, é condição para que uma vida seja reconhecida como vida. "Apenas em condições nas quais a perda tem importância o valor da vida aparece efetivamente. Portanto, a possibilidade de ser enlutada é um pressuposto para toda vida que importa" (BUTLER, 2015c, [2009], p. 32).

Isso significa dizer que, seja na crítica à violência colonial de Mbembe, seja na crítica da violência neocolonial de Butler, será importante observar como opera a distinção entre humanos e não humanos, sendo humanos aqueles que estão vivos e têm direito a estar vivos, e não humanos os que estão vivos mas não contam como vidas viváveis. Nesse sentido, proponho entender o direito ao luto público como a suspensão da distinção entre humanos e não humanos, tema que reaparece no livro mais recente, quando Butler, ao retornar a Foucault, também se refere a um tema que está presente na filosofia dos dois: diferentes formas de vidas precárias não estão constituídas como sujeitos de direitos, e, para que o sejam, é preciso repensar o próprio modo como os sujeitos são constituídos no campo político e como o esquema histórico-racial proposto por Fanon (2020) participa dessa configuração.

Esse passo que mantinha Butler e Foucault alinhados torna-se insuficiente "diante de um vasto *continuum* de luto", ou seja, de um esquema colonial histórico que opera na distinção entre quem é e quem não é uma vida a ser lembrada, enlutada, reconhecida e preservada. Nesse sentido, parece-me potente retomar de Mbembe a expressão "devir-negro-do-mundo", com a qual ele aponta como o capitalismo global expande esse esquema racial para todas as formas de vida não integráveis, fantasmas de si mesmos, restos humanos elimináveis, seja nas políticas de encarceramento em massa, seja como alvo de extermínios e guerras, como será retomado no capítulo "Interdependência e moralidade: um debate com e contra Butler". A cada vez que, em nome da manutenção do privilégio da violência do Estado-nação, uma forma de vida é eliminada, os arquétipos da violência colonial se atualizam e se encontram com as formas de violência neocolonial, devastadoras de grandes parcelas da população relegadas à precariedade e à precarização constantes.

# Melancolias[32]

Começo evocando o capitalismo realista de Mark Fisher (1968-2017), o jovem pensador inglês que escreveu um impressionante diagnóstico de nosso tempo a partir da pergunta "Não há alternativa?", subtítulo de *Capitalist Realism: Is There No Alternative?* (FISHER, 2009 [2020]). Sua argumentação se vale do diagnóstico de um encurtamento do horizonte de expectativas, uma das consequências do que, cerca de 20 anos antes da publicação do livro, foi identificado como "fim da história", no rastro da queda do Muro de Berlim e da combinação triunfante entre democracia liberal e capitalismo. O fim da história seria também o esquecimento de tudo que, no passado, impedisse a plena realização desse futuro em relação ao qual não haveria alternativa, para falar como Fisher. Com isso, inaugura-se um presente constante que anuncia para adiante apenas a sua infinita repetição.

---

[32] Inédito em português, teve uma primeira versão, "Writing Around Ghosts", vertida para o inglês por Thaís de Bakker Castro e publicada em RODRIGUES, Carla; HADDOCK-LOBO, Rafael; MORAES, Marcelo José Derzi. Specters of *Colonialidade*: A Forum on Jacques Derrida's *Specters of Marx* after 25 Years, Part V. *Contexto Internacional*, Rio de Janeiro, v. 42, n. 1, p. 150-156, jan./abr. 2020.

Apesar de todas as críticas que faz a Jacques Derrida,[33] Fisher passou a contestar a premissa do capitalismo como único destino se valendo também, embora não apenas, da noção de *hantologie*, neologismo proposto pelo filósofo franco-argelino em *Spectres de Marx: l'État de la dette, le travail du deuil et la nouvelle Internationale*. Publicado em 1993, o livro marcou época e, para muitos leitores de Derrida, é uma linha divisória na sua filosofia.[34] O recurso a Fisher é movido pela assombração de escrever sobre fantasmas, ou, mais especificamente, de escrever sobre *hantologie*, dificuldade que começa com um problema de tradução. Com o neologismo, Derrida está, entre outras tantas coisas, chamando a atenção para o caráter espectral e fantasmagórico da ontologia, assombrando o ser com o não ser. A homofonia, em francês, entre *"ontologie"* e *"hantologie"* é impossível de ser reproduzida em português. Embora, em inglês, não haja homofonia perfeita entre *"hauntology"* e *"ontology"*, Fisher se vale da existência da palavra *"haunt"* (assombrar) como sinônimo do francês *"hante"*, usado por Derrida. Quando traduziu *Spectres de Marx*, Anamaria Skinner optou por "obsidiologia", escolha que, mesmo sendo fiel a um dos sentidos propostos pelo autor francês, não me sinto à vontade

---

[33] "Em geral, encontrei em Jacques Derrida, o inventor do termo *hauntologia*, um pensador frustrante. Assim que a desconstrução se estabeleceu em certas áreas acadêmicas, o projeto filosófico fundado por Derrida instalou-se como um piedoso culto da indeterminação, que, na pior das hipóteses, tem a virtude de evitar qualquer argumento definitivo. A desconstrução foi uma espécie de patologia, ceticismo, que induziu seus seguidores à fraqueza de propósitos e à dúvida" (FISHER, 2014, p. 25).

[34] É o que alguns comentadores chamam de "segundo Derrida" (RAPAPORT, 2002; MITCHELL; DAVIDSON, 2007). Por inúmeras razões que não cabem neste capítulo, discordo dessa divisão na sua proposta de atribuir uma filosofia política a Derrida apenas a partir dos anos 1990. No entanto, reconheço que, como marco temporal, a divisão funciona para certas contextualizações, e esse é o meu interesse aqui.

para usar, na medida em que me levaria a perder o que para mim é mais caro no debate, a referência crítica à ontologia.[35] Há outras tentativas de tradução, como "espectrologia" ou "assombrologia", e nenhuma me pareceu funcionar do mesmo modo que "*hantologie*"/"*hauntology*", significantes operados por Derrida e Fisher.[36] Quando descobri que Fernando Bruno, tradutor de Fisher para o espanhol, usa "*hauntología*" – seguindo, a meu a ver, a ideia de que, em se tratando de um neologismo no idioma em que foi proposto, pode permanecer como tal no idioma de tradução –, decidi correr o risco de usar "hauntologia" e seus derivados, como "hauntológica/o", fazendo uma analogia com a tradução da edição argentina (FISHER, 2018) e mantendo a estranheza do termo, sustentando esta reflexão, portanto, numa assombração.

Quando propõe trabalhar em torno da ideia de *hauntology*, Fisher recupera o caráter *unheimliche* do termo "*haunt*" em inglês. Hauntologia como aquilo que é *infamiliar* (FREUD, 2019) – aqui me valendo da recente tradução proposta por Ernani

---

[35] "Esclarecemos que, embora estejamos traduzindo desde o francês, é a forma verbal *geht* seguida de *um*, do original alemão, que está sendo traduzida, em português, por rondar, e não o verbo *hanter*. Não discutiremos, aqui, as acepções possíveis para *hanter* e *hantise*, pois essas são, em parte, o tema deste livro. Limitaremo-nos a sugerir que, embora os dicionários francês-português distingam duas acepções para *hanter* – (1) frequentar; (2) obsedar, obsidiar –, seria preciso dizer, como fará J. Derrida noutra parte neste ensaio, que 'essa distinção é antes uma co-implicação'. Assim, mantivemos o verbo rondar na primeira frase do Manifesto e traduzimos *hanter* por 'obsidiar', *hantise* por 'obsessão' e *hantologie* por 'obsidiologia', em outras ocorrências" (Nota de Tradução de Anamaria Skinner, em DERRIDA, 1994, p. 18, n. 1).

[36] Entre os leitores de Fisher no Brasil não há consenso em relação à tradução de "*hantologie*"/"*hauntology*", como se pode ver nas apresentações realizadas no Colóquio Mark Fisher – Realismo Espectral, em 19 de novembro de 2018 (disponível em: bit.ly/2J93VZl. Acesso em: 14 fev. 2021). J. P. Caron, por exemplo, usa "espectrologia" em seus trabalhos. Agradeço a Gabriel Tupinambá pela interlocução nessa tarefa de não tradução.

Chaves e Pedro Heliodoro Tavares – me interessa na medida em que minha proposta parte da estranheza de uma temporalidade que recusa a cronologia passado-presente-futuro. Talvez não haja mesmo nada mais infamiliar do que nossos fantasmas, próximos e distantes demais ao mesmo tempo. Tomo o caminho dos fantasmas para falar da condição colonial de ser assombrado *por aquilo que não se* é nem *se poderia ser*. Ser latino-americano assombrado por não ser europeu, ser negro assombrado por não ser branco, ser indígena assombrado por não ser português, ser periférico assombrado por não ser central, ser mulher assombrada por não ser homem, ser homossexual assombrado por não ser heterossexual, ser transgênero assombrado por não ser cisgênero, e assim sucessivamente. Da ontologia à hauntologia, haveria algo de peculiar na experiência da assombração colonial? Trabalhar *em torno* da hauntologia a fim de tomá-la como instrumento para pensar a relação com o tempo e com o passado colonial que nos assombra foi o que me pôs a conversar com (os meus) fantasmas.

Se fosse possível dizer que o pensamento de Derrida se dá em torno de um centro – o que não se pode fazer, dada a característica da desconstrução de recusar um sistema que se constitua em torno de um elemento fundacional –, talvez também fosse possível propor que a noção de espectro ocuparia esse lugar. Numa obra que recusa topologias como centro, cerne ou mesmo o metafórico coração, os comentadores de Derrida acabam sendo mais ou menos livres para arbitrar uma noção derridiana e trabalhar em torno dela *como se* fosse central.[37] *Espectros de Marx* tem como

---

[37] Para Rafael Haddock-Lobo, o quase conceito "espectro" é fundamental para se compreender o jogo do pensamento da desconstrução, como uma espécie de ampliação e disseminação das noções de "rastro" e "brisura", presentes desde *Gramatologia*, de 1967. Embora presente,

um dos seus temas um debate com Francis Fukuyama e a crítica ao fim da história, entendida como progresso linear e constante em direção a uma finalidade. Nessa noção moderna e europeia, a história aponta para um futuro a ser conquistado e para um passado a ser superado e, em consequência, esquecido. Não posso deixar de registrar ecos das teses publicadas em *Sobre o conceito de história*, do alemão Walter Benjamin (2005), em todo o debate sobre o progresso da história, a crítica ao materialismo histórico e a concepção messiânica de um giro para fora do progresso como inspiração para um debate sobre as relações entre história e memória, marcadas também pela influência de Friedrich Nietzsche (2003) e sua proposição de separar o que lembrar do que esquecer.

Quase 20 anos depois de Derrida, em 2001, Anibal Quijano (2014a) dedica um artigo a contestar as proposições de Fukuyama com o sugestivo título "¿El fin de cual historia?". Ali, o pensador peruano também interroga Fukuyama e aponta para o eurocentrismo da ideia de fim da história, com o argumento de que já é hora de "preparar outra História, a que resultará das grandes lutas que já

---

desde a tese de doutorado, de modo disperso ao longo dos textos de Haddock-Lobo, essa reflexão pode ser encontrada mais pontualmente no capítulo "Conjurar – o úmido" de seu *Para um pensamento úmido: a filosofia a partir de Jacques Derrida*, onde pretende delinear uma "lógica" dos espectros tal como Derrida apresenta em *Espectros de Marx* (HADDOCK-LOBO, 2011). O problema da lógica espectral aparece também como fundamental para se compreender a questão da "experiência" no pensamento derridiano (capítulo "As aporias da experiência", em HADDOCK-LOBO, 2019) e a questão da morte e da sobrevida. A noção derridiana de espectro continua orientando o desenvolvimento de suas atuais pesquisas sobre colonialidade e filosofia popular brasileira. Já de minha parte, por motivações hegelianas e pós-hegelianas, escolhi a intraduzível noção de *différance* para funcionar como centro (RODRIGUES, 2018). Agradeço a Rafael Haddock-Lobo a amizade que nos trouxe juntos até aqui e mais além.

estão à vista. Essa nova história pode ser nossa História" (QUIJANO, 2014a, p. 603). Se o horizonte de expectativas que o futuro oferece for apenas e em grande medida um aprimoramento do que já aconteceu no passado, o passado estaria condenado ao esquecimento, o futuro, a uma mera repetição, e toda narrativa histórica estaria fadada a cair numa nostalgia não apenas indesejável como melancólica (TUPINAMBÁ, 2018).

## Três formas de melancolia

A fim de recusar a identificação entre nostalgia e hauntologia, recupero Fisher de modo interessado. Para ele, é estranho ter de argumentar o que parece de fácil compreensão: não é nostálgico ou condenável comparar o passado com um presente desfavorável (FISHER, 2014). A partir dessa argumentação, o autor distingue três formas de melancolia: a de esquerda, a pós-colonial e a hauntológica. Referindo-se a Paul Gilroy (2004), Fisher identifica a melancolia pós-colonial com a negação da mudança, com o aprisionamento a uma fantasia de onipotência, perdida por transformações indesejáveis e opressoras. Em relação à melancolia de esquerda, o autor corrobora o diagnóstico de Wendy Brown (1999): a esquerda está presa a uma estrutura de compromissos melancólicos de um passado morto. "O melancólico de esquerda que Brown descreve é um depressivo que se acredita realista", escreve Fisher (2014, p. 30). Gostaria de me deter brevemente na referência a Brown. Seu artigo sobre melancolia de esquerda comparece aqui por trazer a distinção entre a melancolia criativa, tal qual pensada por Walter Benjamin, e a melancolia de esquerda, identificação do campo político de esquerda com a utopia, ou identificação a um objeto perdido, para falar como o Freud de *Luto e melancolia*. Importa ao meu argumento pensar que as melancolias são plurais, distintas entre si, e que a lista de três tipos de melancolia estabelecida por Fisher não esgota todas as possibilidades de abordagem do termo.

Recupero o caráter ambivalente da melancolia em Benjamin, que Brown mobiliza em seu artigo. Usando uma forma de temporalidade enigmática – tempo do agora –, o filósofo alemão propõe uma saída do tempo da história, que ele compreende como uma estrutura moderna na qual passado, presente e futuro vão se amontoando em nome do progresso. A ambivalência, para Brown, está em ser a melancolia um ponto de partida para rupturas. Entretanto, é também pela melancolia que a esquerda se mobiliza mais pelas próprias análises, convicções e ideias do que pelos acontecimentos do mundo. Seguindo o argumento de Freud de que um luto se conclui quando o sujeito encontra um novo objeto para depositar seu investimento libidinal – caminho para evitar a melancolia –, Brown passa a fazer uma pergunta central em todo processo de luto: qual será o novo objeto, aquele à altura de substituir o objeto perdido? E aqui acrescento, fazendo Brown dialogar com Butler: haverá um novo objeto? Ou permanecerá o segredo da perda?

Formulada a questão, proponho seguir em direção ao conceito de colonialidade do poder, com o qual Quijano (2005) formula sua perspectiva crítica descolonial. A partir da compreensão de que a colonização da América Latina, com a invenção da noção de raça e sua articulação com a divisão do trabalho, produziu uma nova estrutura global de controle do trabalho, Quijano propõe a ideia de "regresso do futuro", que entendo como um modo inventivo de confundir a temporalidade linear que nos aponta para um futuro que será apenas a repetição do presente. Recusando, com Fisher, duas das três formas de melancolia elencadas por ele, arrisco-me a identificar tanto na "melancolia hauntológica" como no "regresso do futuro" dois mecanismos que, cada um a seu modo, estabelecem outra relação com a temporalidade. Decidi aproximá-los a fim de discutir como hipótese a localização de um aspecto hauntológico em Quijano e de um regresso do futuro na hauntologia, talvez mais em Derrida do que em Fisher, mas, de todo modo, um caminho para buscar um objeto que, se não é exatamente novo, pode ser, seguindo Benjamin, um objeto do "tempo do agora", no que essa ideia tem de ruptura com a linearidade do tempo histórico.

"Regresso do futuro" é um aporia à moda derridiana, uma estranha temporalidade na qual o futuro não está adiante, mas apontando para alternativas que foram sendo esquecidas num passado condenado a não ser lembrado. Nas palavras de Quijano, trata-se da criação de um "horizonte paralelo de conhecimento, de uma racionalidade não eurocêntrica, que possa também ser parte do próprio horizonte de futuro" (QUIJANO, 2014b, p. 846). Do meu ponto de vista, é um convite a visitar nossos fantasmas, no sentido de pôr em marcha aquilo que nunca foi integrado. Para isso, talvez seja possível reencontrar práticas políticas e comunitárias que se mantiveram existindo à margem do progresso ou apesar dele, o que me faz crer que esse reencontro é diferente da melancolia pós-colonial que procura pelo tempo do "antes".

## Violência policial como violência colonial

Aqui, quero avançar. Não em direção ao futuro como finalidade, mas em direção ao que considero uma necessária crítica à violência policial como uma das maiores heranças da nossa condição colonial e da formação do Estado-nação no continente latino-americano, daquilo que nos faz estar em estado permanente de perda, perdas que funcionam como confirmação da presença espectral da violência colonial. Apontar o caráter espectral da polícia, sua violência fantasmagórica, sua operação hauntológica de eliminação daquele que não pode ser senão como fantasma, em nome da preservação daquele que é, leva-me a pensar na reiteração da perda do objeto e da própria impossibilidade de sua substituição.

O elemento da violência policial, travestido pelo sintagma "segurança pública", faz funcionar a colonialidade do poder, integrando nas estratégias de dominação o racismo e a opressão do trabalho. A polícia mata ou prende em condições carcerárias equivalentes à morte em vida, e nos dois casos há uma naturalização dessa violência como sendo parte da vida das pessoas a quem a violência se dirige, como se morrer fosse mesmo o único destino que o futuro pode oferecer aos que só se atribui existência hauntológica.

No já centenário "Para uma crítica da violência" (1921), Benjamin (2011) faz do trabalho de crítica um movimento de separação, o que permite perceber certas coimplicações não tão nítidas. O filósofo alemão distingue as características do direito natural daquelas do direito positivo, da violência fundadora daquelas da violência mantenedora do direito, para mencionar apenas as que mais me interessam aqui. Nesse movimento, ele identifica a sustentação do ordenamento jurídico, estatal e institucional em um tripé de força, poder e violência: o militarismo, a pena de morte e a polícia. Benjamin percebe, por exemplo, que o interesse do direito em ter o monopólio da violência é movido por garantir a sua própria existência, o que faz com que a violência instauradora do direito esteja presente – ainda que propositalmente se oculte nos atos de violência mantenedora do direito. É na polícia que Benjamin localiza a ligação mais evidente entre os dois tipos de violência: a fundadora e a mantenedora do direito. A crítica de Benjamin à violência foi seguida mais ou menos de perto por outros filósofos que se confrontaram com a barbárie no coração da Europa do século XX, barbárie que havia sido alocada, ou talvez eu possa dizer foracluída, para as colônias. Cito alguns exemplos[38]:

> A dominação totalitária, baseada no terror, é aquela que investe não apenas contra seus inimigos, mas também contra seus amigos e apoiadores, temendo todo poder, mesmo o poder de seus amigos. O ápice do terror é alcançado quando o Estado policial inicia a devoração de suas próprias crias, quando o executante de ontem se torna a vítima de hoje (ARENDT, 2016, p. 43-44).

> A nova governamentabilidade [...] terá enfim de se dotar de um instrumento de intervenção direto, mas negativo, que vai ser a polícia. [...] O antigo projeto de polícia, tal como havia aparecido em correlação com a razão de Estado, se desarticula, ou antes, se decompõe entre quatro elementos: prática econômica, gestão da população, direito e respeito às liberdades, e polícia (FOUCAULT, 2008, p. 476).

> Tomemos o exemplo da polícia, esse índice de uma violência fantasmagórica porque mistura a fundação e a conservação, tornando-se, por isso, mais violenta. A polícia que capitaliza a violência não é apenas a polícia. Não consiste somente em agentes policiais fardados, às vezes com capacetes, armados e organizados numa estrutura civil de modelo militar [...]. Por definição,

---

[38] Algumas das proposições que discuto sobre violência policial estão sendo retomadas de "A polícia como problema filosófico", apresentado no II Colóquio Internacional do Núcleo de pesquisa em Filosofia Francesa Contemporânea (NuFFC) – 50 Anos de Desconstrução, IFCS, Rio de Janeiro, de 17 a 20 de outubro de 2017. O artigo foi publicado em edição especial da *Revista Latinoamericana do Colégio Internacional de Filosofia* (RODRIGUES, 2019f) e como capítulo do livro *50 Ans de déconstruction: vitalité et pertinence de l'oeuvre de Derrida*, organizado por Filipe Ceppas, Gustavo Chataignier e Louise Ferté (Paris: L'Harmattan, 2020).

a polícia está presente ou representada em toda parte onde há força de lei. Está presente, às vezes invisível, mas sempre eficaz, em toda parte onde há conservação da ordem social (DERRIDA, 2007, p. 102).

Talvez não seja necessário localizar quando os espectros começaram a funcionar na filosofia de Derrida, porém, pelo mesmo motivo, talvez seja necessário lembrar que *Espectros de Marx* estava sendo gestado, em alguma medida, nas duas conferências que compõem o livro *Força de lei* (DERRIDA, 2007), proferidas entre 1989 e 1990, não apenas no calor dos acontecimentos em Berlim que marcaram o fim do século XX, mas também e sobretudo discutindo as já citadas proposições benjaminianas sobre a violência constitutiva do direito positivo e, em última análise, da formação do Estado-nação moderno.

Localizando o tripé sobre o qual Benjamin identifica a sustentação da violência do direito – militarismo, polícia e pena de morte – no contexto brasileiro atual, temos, no lugar do militarismo, as Forças Armadas, compostas de Exército, Marinha e Aeronáutica, às quais se somam forças policiais ligadas às três esferas de governo: no âmbito federal, a Polícia Federal e a Força-Tarefa Especial, acionada pela Presidência da República em situações classificadas como extraordinárias; nos 27 estados, as polícias militares, cujas funções são o policiamento ostensivo e a segurança pública; no âmbito das prefeituras, as guardas municipais, cada vez mais dotadas de poder de polícia. Em relação às guardas municipais, há um debate jurídico sobre a inconstitucionalidade de lhes conceder o direito de portar arma de fogo, o que parece inevitável diante de uma política nacional armamentista. Tudo isso sem contabilizar o contingente de segurança privada que atua nos espaços ditos públicos. Todas essas forças de segurança são apenas as autorizadas, ou seja, não incluem as milícias ou os poderes paraestatais, em escalada nas ruas e nos presídios.[39] Nesse ponto, convoco Achille Mbembe e suas articulações entre guerra e condição colonial:

> Cada vez mais, a guerra não ocorre entre exércitos de dois Estados soberanos. Ela é travada por grupos armados que agem por trás da máscara do Estado contra os grupos armados que não têm Estado, ambos os lados têm como seus principais alvos as populações civis desarmadas ou organizadas como milícias. [...] Muitos Estados já não podem mais reivindicar o monopólio sobre a violência e sobre os meios de coerção dentro de seu território. Nem mesmo podem reivindicar monopólio sobre seus limites territoriais. A própria coerção tornou-se produto do mercado. [...] Milícias urbanas, exércitos privados, exércitos de senhores regionais, segurança privada e exércitos de Estado proclamam, todos, o direito de exercer violência ou matar (MBEMBE, 2016, p. 139).

O cenário descrito por Mbembe não nos é, de modo algum, estranho. Para Mbembe, a colônia representa o lugar em que a soberania consiste fundamentalmente no exercício de um poder à margem da lei, um lugar no qual a paz tende a assumir o rosto de uma "guerra sem fim". As colônias são zonas em que guerra e desordem se alternam a fim de fazer operar toda forma de violência do estado de exceção; a colonização, portanto, é o exercício do poder soberano em nome da suposta civilização contra a barbárie, argumento último também do processo de formação do

---

[39] "A prisão é uma das características mais importantes do nosso ambiente imagético. Isso fez com que considerássemos a existência delas algo natural. A prisão se tornou um ingrediente essencial do nosso senso comum. Ela está lá, à nossa volta. Não questionamos se deveria existir. Ela se tornou uma parte tão fundamental da nossa existência que é necessário um grande esforço de imaginação para visualizar a vida sem elas" (DAVIS, 2018, p. 20).

Estado-nação por congregação e segregação. Com a noção de "guerra sem fim", Mbembe me fornece um instrumento para pensar a violência contemporânea como hauntologia da violência da empresa colonial europeia, que se perpetua – fantasmagórica – em práticas cotidianas que separam de modo crítico aqueles que só podem viver à margem da lei, como alvos da violência mantenedora/fundadora, e aqueles que instituem a lei a fim de deter um duplo poder, o de ser a lei e o de determinar os que serão abandonados à margem da lei. Seria possível compreender como hauntológico todo aparato jurídico, institucional e econômico que sustenta a violência necessária para a existência do Estado-nação?

O aspecto fantasmático do pertencimento ao Estado-nação foi performatizado, nos Estados Unidos, por um grupo de imigrantes latinos que traduziu e cantou em público o hino nacional do país em espanhol, manifestação de reivindicação de direitos como imigrantes que foi discutida por Judith Butler e Gayatri Spivak em *Quem canta o Estado-nação?* (BUTLER; SPIVAK, 2007 [2018]).[40] O gesto me faz lembrar a aporética formulação de Derrida (1996, p. 13) acerca da articulação entre pátria e língua materna: "Só tenho uma língua e essa língua não é minha" ["*Je n'ai qu'une langue, ce n'est pas la mienne*"], postulado que resume sua condição de franco-argelino – o hífen hauntológico, indicador de que ele não é francês sem ser argelino nem é argelino sem estar assombrado pelo fantasma da colonização francesa. De certa forma, não se é brasileiro sem ser ao mesmo tempo europeu, indígena e negro, sem carregar as marcas contraditórias do colonizador e do colonizado,

---

[40] Para uma excelente discussão sobre as questões tratadas por Butler e Spivak nesse texto, ver o trabalho de Thaís de Bakker Castro (2018) e sua original abordagem sobre os movimentos de congregação e segregação que constituem a violência do Estado-nação.

identidades que a cada tempo operam formas de distinção da violência cotidiana.

Por fim, gostaria de pensar a impossibilidade de separação, tal qual proposto por Benjamin, entre violência instauradora e violência mantenedora do direito na compreensão da violência colonial como necropolítica. Importa também tentar distinguir os elementos de violência que são comuns à formação de todo Estado-nação e os que estão ligados de modo peculiar à experiência colonial. Embora Benjamin dirija sua crítica muito diretamente às formas de violência que constituem o Estado-nação europeu naquele momento histórico, tomo a liberdade de derivá-las para a formação de todo Estado-nação, considerando como hipótese que a experiência colonial é assombrada por mais uma forma de violência, além da violência fundadora e da mantenedora identificadas pelo filósofo alemão. No exercício cotidiano da colonialidade do poder, aqui tomado por mim como a forma de dominação mais opressora do Estado-nação, o objetivo é o apagamento dos traços do colonizado, que sobrevive numa hauntologia. Resta como alternativa inventar novos objetos, que viriam do regresso do futuro, daquilo que a violência recalcou, mas não foi capaz de aniquilar, dos cacos da história, para mais uma vez falar, como Walter Benjamin, das miudezas que, por terem sido eliminadas da grande filosofia,[41] oferecem-se ao trabalho da melancolia criativa.

---

[41] Sobre a crítica à grande filosofia, ver Rodrigues (2014).

# Interdependência e moralidade: um debate com e contra Butler[42]

Tenho recorrido, com grande frequência, à formulação "devir-negro do mundo", proposta pelo filósofo Achille Mbembe, como instrumento para dar concretude ao debate sobre violência colonial e neocolonial que se estabelece na interlocução entre Butler e Mbembe.[43] Na primeira parte deste capítulo, exponho a proposição de "brasilianização do mundo" – tal qual pensada pelo filósofo Paulo Arantes no ensaio "A fratura brasileira do mundo", escrito em 2001, em que ele discute como o Brasil, país do futuro, torna-se o futuro do mundo – para aproximá-la do "devir-negro

---

[42] Agradeço ao filósofo Paulo Arantes a disposição de oferecer seus comentários ao texto, salvaguardando sua contribuição de qualquer responsabilidade pelo resultado final. Agradeço também ao filósofo Victor Galdino pelas conversas e trocas em torno das leituras de Mbembe.

[43] Não é um acaso que essa interlocução tenha se estabelecido explicitamente em 2009, data da primeira referência à obra de Mbembe que localizo em Butler, portanto, logo depois do furacão que varreu o mercado financeiro a partir dos Estados Unidos, aprofundando a precariedade e a proximidade com a brasilianização do mundo.

do mundo", do filósofo camaronês.[44] Considero que, entre tantas qualidades, Arantes é um pensador do tempo. A torção que caracteriza seu ensaio é notável: um país movido a uma promessa de futuro que nunca virá se encontra, no presente, com o futuro de países que decrescem em direção ao passado do qual nunca saímos.

Antes de abordar os aspectos que pretendo destacar no ensaio do filósofo da USP, recupero um historiador brasileiro, Jacob Gorender, comunista baiano, autor de *O escravismo colonial*. Escrito na prisão durante a ditadura civil-militar (1964-1985), o texto foi concebido como um curso de história do Brasil para os companheiros de cela e originalmente publicado em 1978. Gorender propõe que até ali a maioria das análises da formação social brasileira ignorava a clivagem que o período escravocrata havia produzido nas nossas diferentes formas de desigualdade. Com esse ponto de partida, ele recupera a importância das "plantagens escravagistas brasileiras", organização econômica direcionada ao abastecimento do mercado mundial e, portanto, voltada à produção em grande escala, sempre superior à da unidade agrícola familiar. Gorender observa que plantagem e trabalho escravo combinavam-se e alastravam-se na América colonial como uma coisa só e que a plantagem escravista antecipou a agricultura capitalista moderna, associando o cultivo em grande escala à enxada empunhada pelos escravos (GORENDER, 2016, p. 122). Marxista filiado ao Partido Comunista Brasileiro (PCB), Gorender recusou a primazia da luta de classes em relação à exploração dos escravos na construção da desigualdade

---

[44] A primeira edição do ensaio é de 2001. Também foi publicado em Arantes (2004; 2019). Já em 2001 trazia a ideia de que o fascismo – ou algum tipo de populismo autoritário – poderia ser o governo mais coerente no cenário de destruição de toda e qualquer possibilidade de emancipação.

brasileira.[45] Neste momento, a referência ao seu trabalho serve para explicitar que a concepção de Brasil em direção à qual caminha a brasilianização do mundo é a da acumulação primitiva de capital, origem de uma economia fundada na exploração de mão de obra em função da racialização e da escravização.

## País do futuro

"Na hora histórica em que o país do futuro parece não ter mais futuro algum, somos apontados, para mal ou para bem, como o futuro do mundo. Não é trivial que o mundo ocidental confessadamente se brasilianize, depois de ter ocidentalizado a sua margem", escreve Arantes (2004, p. 30). Trata-se, antes de tudo, de reconhecer o Brasil como resultado desse contínuo processo de ocidentalização das margens, que se dá em etapas mais ou menos correspondentes aos ciclos de expansão do capitalismo. Recupero alguns aspectos da brasilianização descritas pelo autor. Nos Estados Unidos, Arantes identifica três elementos que interessam ao meu argumento. Primeiro, a separação das raças por classe, sendo uma maioria branca no topo da pirâmide e uma maioria racializada "na base da pirâmide *para sempre*" (p. 31, grifo meu). Destaco o "para sempre" por ser aquilo que nega qualquer horizonte de futuro. Em segundo lugar, mas também fundamental, Arantes chama a atenção para o fato de que a hostilidade entre os grupos na base é maior do que uma rebelião contra os que estão no topo.[46] Por fim,

---

[45] Esse movimento pode ser associado à recusa das teóricas feministas em aceitar a primazia da luta de classes em relação à opressão de gênero. Daí a imensa importância da pesquisa realizada por Heleieth Saffioti nos idos dos anos 1960 e que deu origem ao livro *A mulher na sociedade de classes: mito e realidade* (Petrópolis: Vozes, 1969).

[46] Nesse aspecto, vale notar que essa talvez seja uma das estratégias mais bem-sucedidas do bolsonarismo, manter aquecida a permanente

o terceiro ponto é por demais atual: uma sociedade partida em dois. Arantes se refere a uma aflita maioria, subclasse sem esperança, em relação à qual a classe superior recusa qualquer obrigação cívica. A pandemia, acrescento, trouxe uma agudização das condições de precariedade dessa maioria aflita, sem a isso equivaler nenhum tipo de convocação a obrigações de responsabilidade compartilhada, mobilizadas dentro do próprio campo dessa maioria aflita, como as ações de solidariedade de moradores de favela e periferia, contrastantes com o descaso das políticas oficiais.

Passo a resumir os principais aspectos da brasilianização da França, país onde os protestos nos *banlieues* se assemelham às mobilizações nas periferias paulistanas, com sua estratégia de incêndios em ônibus e reivindicações de melhorias nas condições de vida.[47] Na França, observa Arantes, a nova riqueza estava produzindo novos pobres. Em suas análises da precarização social na sociedade francesa, ele se vale de conceitos forjados por estudiosos da desigualdade social e econômica na América Latina – uma das indicações de que foi preciso recorrer ao amplo histórico de estudos acerca das desigualdades do continente como instrumento de compreensão do desmonte das políticas do Estado francês. Embora esse recurso seja digno de nota, prefiro destacar a referência ao francês Didier Fassin, com a qual reforço o caráter bipartido da experiência social: a França estaria experimentando uma "tendência sistemática à dualização do mundo social, oscilação entre populismo e miserabilismo, tentação das interpretações psicossociais que culpabilizam as vítimas" (FASSIN *apud* ARANTES, 2004, p. 47). Retomarei mais adiante a expressão "culpabilizam as vítimas"

---

hostilidade na base e, com isso, operar o enfraquecimento de qualquer rebelião contra ele.

[47] Sobre protestos e mobilizações nas periferias de São Paulo, ver Teles (2015; 2018).

quando trouxer o modo como Butler se refere à precarização das condições de vida nos Estados Unidos como um tipo de fracasso moral.

Da brasilianização da França destaco duas características principais. A primeira, a dualidade no mercado de trabalho, dividido entre um núcleo de trabalhadores protegidos por leis trabalhistas e uma massa precarizada, condenada a vender seus serviços aos trabalhadores com rendas estáveis. Está aqui a descrição, *avant la lettre*, da "uberização" do trabalho. O segundo aspecto é a passagem da França do Estado social para o Estado penal, forjado a partir de uma política de tolerância zero com o excedente, destinado ao encarceramento em massa. De novo, o Brasil é o país do futuro, Estado penal que nunca chegou a conhecer Estado social, mas sempre pronto a implantar políticas de segurança pública de tolerância zero e unidades de polícia pacificadoras que, nos últimos 20 anos, elevaram o país ao terceiro lugar em população carcerária, perdendo apenas para os Estados Unidos e a China. Sempre bom lembrar que no "devir-negro" do mundo a maioria de população encarcerada é negra.

## Inclusão/exclusão

A dualidade, elemento comum na brasilianização dos Estados Unidos e da França, sustenta o modo como Arantes opera com a ideia da fratura social como marca do que o Brasil sempre foi: uma economia que avança em marcha forçada que "só pode" ser seguida pela sociedade. Eis o ponto do texto de Arantes que mais despertou meu interesse em retomá-lo: o problema de que, diante do diagnóstico de cisão, divisão e dualismo, as políticas de inclusão e integração – e seu contrário, a exclusão e a desintegração – vencem todo e qualquer ideal de emancipação. A marcha econômica que só pode ser seguida pela sociedade faz com que o núcleo de incluídos caminhe de costas para a massa de inadaptados, sendo a indiferença em relação às condições de vida (e de morte) dos excluídos a principal fonte de violência, aqui no seu sentido mais amplo: a indiferença aos assassinatos cotidianos perpetrados pela polícia contra populações negras, pobres e periféricas; o deixar morrer de todos os dias na falta de políticas de renda, moradia ou saúde e a completa naturalização dessas mortes; a eliminação do excedente fazendo parte do cotidiano da maneira mais banal. Ora, se essa descrição funciona para a brasilianização dos Estados Unidos e da França, é porque ela pode ser a definição do Brasil desde que começou a "ocidentalização das margens", relembrando os termos de Arantes, ou seja, desde o início da empresa colonial, sendo a ideia de inclusão um dos principais artifícios para calar as lutas por emancipação que não foram inscritas na história senão como história dos vencidos.

A primeira vez que pensei em retornar ao ensaio de Arantes foi em 2017, quando trabalhava na revisão da tradução de *Corpos em aliança* (BUTLER, 2018a [2015a]). Publicado em 2015, 14 anos depois do texto de Arantes, o livro descreve a precariedade nos Estados Unidos em termos que lembram os do ensaio:

> Neste momento em que a economia neoliberal estrutura cada vez mais as instituições e os serviços públicos, o que inclui escolas e universidades, em um momento em que as pessoas, em números crescentes, estão perdendo casa, benefícios previdenciários e perspectiva de emprego, nós nos deparamos, de uma maneira nova, com a ideia de que algumas populações são consideradas descartáveis.[48] Existe trabalho temporário ou não existe trabalho ne-

---

[48] Nessa expressão, há uma referência de Butler ao ensaio "Necropolítica", de Achille Mbembe (2016).

nhum, ou existem formas pós-fordistas de flexibilização do trabalho que lançam mão da permutabilidade e da dispensabilidade dos povos trabalhadores (BUTLER, 2018a, [2015a], p. 17).

Ora, o que Butler aponta aqui como "uma maneira nova" é, para o Brasil, uma realidade desde as primeiras formas de exploração capitalista/escravista, de tal modo que o país do futuro fornece o paradigma de exploração nos processos de brasilianização nas sociedades estadunidense e francesa. Processos que, no Brasil, foram forjados na separação originária, promovida pela colonização, entre humanos e não humanos, sendo os escravizados aqueles entendidos como não humanos, que sustentaram a acumulação primitiva do capital e adiaram, sempre como promessa de um país do futuro, investimentos de modernização.[49]

O problema então passa a ser pensar como a fratura originária brasileira, a divisão entre humanos que são humanos e humanos que não são considerados humanos, está operando hoje no impedimento à emancipação, considerando que emancipar exigiria a ruptura dessa divisão constitutiva de toda estrutura de exploração descrita por Mbembe como o passado que o Brasil oferece ao mundo como futuro:

> [...] os riscos sistemáticos aos quais os escravos negros foram expostos durante o primeiro capitalismo constituem agora, se não a norma, pelo menos o quinhão de todas as humanidades subalternas. Em seguida, essa tendência à universalização da condição negra é simultânea ao surgimento de práticas imperiais inéditas, tributárias tanto das lógicas escravagistas de captura e predação como das lógicas

---

[49] "A plantagem escravista excluía ou emperrava os avanços da tecnificação", observa Gorender (2016, p. 130). Quando a tecnologia chega, está à serviço da eliminação dos custos da mão de obra, em processos de automação que geram novos excedentes.

coloniais de ocupação e exploração, incluindo as guerras civis ou razias de épocas passadas (MBEMBE, 2018a, p. 17).

A referência de Mbembe à guerra civil permite puxar o fio histórico da figura do capitão do mato e sua fácil associação com a violência policial carioca: policiais negros matando pessoas negras, a guerra de todos contra todos, como já mencionado na referência a Mbembe, neste volume, no capítulo "Melancolias". O Estado penal à brasileira tem sido motor de todas as formas de violência, não apenas porque é também fonte de lucro para o capital na associação entre indústria militar, indústria bélica, indústria de segurança, aí acrescentando a privatização dos presídios e os mecanismos paraestatais, como as milícias, os policiais militares prestando serviços de segurança privada nas horas de folga ou a corrida das prefeituras para armar suas guardas municipais.

O Estado brasileiro tem vasta *expertise* em manejo dos excedentes. Essa tecnologia de morte se aproxima do conceito de necropolítica de Mbembe e se articula com o problema da cisão entre incluídos/excluídos. Isso porque venho considerando que, embora tenha sido usado à exaustão, o conceito de biopolítica em Foucault é insuficiente para pensar as formas de gestão do excedente. Aqui, acompanhando Butler de perto, mas em meus próprios termos, a biopolítica foucaultiana seria a gestão da vida dos incluídos, enquanto a necropolítica é o manejo do excluído, sobre quem se supõe não haver possibilidade de inclusão, tampouco de direito de emancipação. A essas tecnologias de violência gostaria de acrescentar um componente: a moralidade, aqui entendida como o uso político da divisão entre o Bem e o Mal.

## Moralidade e interdependência

Ordoliberalismo é, na definição oferecida por Pierre Dardot e Christian Laval (2016, p. 102), "uma doutrina de transformação social que apela para a responsabilidade dos homens [*sic*]". A ordem do mercado é entendida a partir de uma dimensão moral que deve configurar "um conjunto coerente de instituições" (p. 104), uma forma de fornecer aos indivíduos "um quadro social estável, seguro, mas também moralizante" (p. 109). Wendy Brown é outra autora que, ao analisar o ordoliberalismo, acentua a necessidade de ordem moral para o bom andamento dos negócios. Se a ordem é sua principal condição, então, em nome dela, é preciso que movimentos sociais, participação política direta e reivindicações democráticas ao Estado sejam abafados (BROWN, 2019, p. 75). O princípio da ordem a partir de critérios morais seria capaz de conferir sustentação à divisão entre humanos e não humanos por meio de uma concepção, digamos, mais palatável: a divisão entre o cidadão de bem e o proscrito, resumida na expressão "direitos humanos para humanos direitos", em que a condição para a inclusão é o critério moral, a exclusão é naturalizada como um direito a ser negado a quem não for considerado moralmente à altura de ter direitos, e a emancipação está de fora da conversa.

O uso da moralidade no campo político é também o caminho pelo qual a racionalidade neoliberal transfere para os indivíduos o peso do seu próprio fracasso, entendido com falha moral, mecanismo que oblitera a condição de desamparo promovida por essa política. Esse aspecto moral é particularmente interessante, porque me parece que aí está em jogo um dos itens elencados no ensaio de Arantes: a brasilianização do mundo passa pelo incentivo à hostilidade entre os grupos na base a partir da mobilização de critérios morais que alimentam essa hostilidade.[50]

---

[50] A força dos critérios morais aparece, por exemplo, nas ações normativas em relação ao conceito de família na gestão da ministra Damares Alves. Em junho de 2020, duas portarias (n° 1.643 e n° 1.756) instituíram,

É assim que as desigualdades econômicas são naturalizadas como produto da vagabundagem inerente ao brasileiro; as reivindicações de igualdade de gênero são coisa de "feministas feias", sendo o adjetivo "feia" convertido em falha moral; e as desigualdades raciais são postas na conta de uma índole preguiçosa (e histórica) do negro. Com isso, perde-se a perspectiva da emancipação: o elemento estrutural desaparece, e sobre o indivíduo é lançada toda a responsabilidade pelo que quer que tenha dado errado:

> Em nossa vulnerabilidade individual a uma precariedade que é socialmente induzida, cada "eu" vê potencialmente como o seu sentido particular de ansiedade e fracasso tem estado implicado todo o tempo em um mundo social mais amplo. Isso inicia a possibilidade de desconstruir essa forma de responsabilidade individualizadora e enlouquecedora em favor de um *ethos* de solidariedade que afirmaria a dependência mútua, a dependência de infraestruturas e de redes sociais viáveis [...] (BUTLER, 2018a, [2015a], p. 28).

Interessa à autora observar, ainda na linha de crítica à racionalidade neoliberal, que "ninguém sofre de falta de moradia sem que exista uma falha, sem que haja um fracasso social no sentido de organizar a moradia de um modo que ela seja acessível a toda e qualquer pessoa. E ninguém sofre com o desemprego sem que exista um sistema ou uma economia política que fracasse em salvaguardá-lo dessa possibilidade" (p. 27). Está aqui a "culpabilização da vítima" a que já me referi.

Contra Butler se pode argumentar que talvez ela ainda esteja operando na chave inclusão/exclusão, numa aposta

---

respectivamente, o Observatório Nacional da Família e o Programa Município Amigo da Família, ambos carregados de caráter normatizador de que tipo de arranjo familiar pode ser inteligível enquanto tal.

na via democrática que a própria democracia não é capaz de oferecer, ainda que em *Quadros de guerra* ela mencione o anseio por uma "política democrática radical" (BUTLER, 2015c, [2009], p. 55). Dito de outro modo, trata-se de perguntar se a originalidade com que Butler mantém a crítica à heteronormatividade no campo ético-político é suficiente ou se, repetindo o gesto dela em relação a Foucault, é possível oferecer um complemento com o qual se possa admitir que o esquema inclusão/exclusão é o que tem sustentado o fracasso das democracias ocidentais modernas, tema que será retomado no próximo capítulo.

A favor de Butler, seria útil referir ao problema apontado por ela desde *O clamor de Antígona* (BUTLER, 2000 [2014]): quem são as vidas inteligíveis, essas que podem ser constituídas como sujeitos de direitos? Quem não são vidas inteligíveis? Essa separação funciona para orientar políticas de Estado que, segundo a lógica neoliberal, estarão a serviço da manutenção de um ordenamento social que seja o melhor para o mercado. Na sociedade do ordoliberalismo, a moralidade é um elemento crucial para fazer essa separação. Gostaria de destacar o modo como Dardot e Laval identificam a necessidade de *interdependência no laço social*.

> Se é preferível adotar um Estado descentralizado de tipo federal, que respeita o princípio de subsidiariedade baseado na ideia dessa hierarquia de "comunidades naturais", é porque apenas essa forma institucional fornece aos indivíduos um quadro social estável, seguro, mas também moralizante. É essa integração na família, na vizinhança, no bairro ou na região que lhes dará o sentido de suas responsabilidades, o sentimento de suas obrigações para com o outro, o gosto pelo cumprimento de seus deveres, sem os quais não há nem laço social nem felicidade verdadeira (DARDOT; LAVAL, 2016, p. 109-110).

[...] um dos aspectos importantes da doutrina é a afirmação da *interdependência* de todas as instituições, assim como de todos os níveis da realidade humana. A ordem política, os fundamentos jurídicos, os valores e as mentalidades fazem parte da ordem global, e todos têm efeito sobre o processo econômico. Os objetivos da política compreenderão logicamente uma ação sobre a sociedade e o quadro de vida, com o intuito de conciliá-lo com o bom funcionamento do mercado. [...] A lei não basta, são necessários também os costumes (p. 122-123, grifo meu).

É inquietante constatar o uso da palavra "dependência", também presente na obra recente de Butler, configurando o que ela chamará de responsabilidade ética:

Por um lado, todos somos *dependentes* das relações sociais e de uma infraestrutura permanente para manter uma vida vivível, de forma que não é factível se livrar dessa *dependência*. Por outro lado, essa dependência, embora não seja o mesmo que uma condição de subjugação, pode facilmente se tornar isso. A *dependência* entre as criaturas humanas, de manter e sustentar uma vida com infraestrutura, mostra que a organização da infraestrutura está intimamente ligada a um senso profundo de manutenção da vida individual: como a vida é mantida, como a vida é viável, com que grau de sofrimento e esperança (BUTLER, 2018a, [2015a], p. 27, grifos meus).

Aqui, passa a ser um problema diferenciar a interdependência de que fala o ordoliberalismo da interdependência defendida por Butler. Estaríamos de volta à oposição moralidade/eticidade, ou à crítica de Hegel a Kant, ou, ainda, na atualidade, ao debate entre John Rawls e Michael Sandel, respectivamente, entre liberalismo e comunitarismo. A interdependência não está atrelada a critério moral nem se dá apenas entre indivíduos. Bem ao contrário. A interdependência com a qual ela propõe a responsabilidade ética é aquela que se dá pela via da negatividade, ou seja, em vez das "comunidades naturais" alinhavadas pela moral e pelos bons costumes, a autora propõe a formação de comunidades fundadas na negatividade: a condição de despossessão, não exigindo nem um critério moralizador nem uma identidade prévia para a formação dessa comunidade, alinhavada por "laços relacionais que têm implicação para teorizar a dependência fundamental e a responsabilidade ética" (BUTLER, 2019b, [2004a], p. 43).

Como leitora de Butler, acredito que a autora esteja – e nisso pretendo segui-la muito de perto – criticando a racionalidade neoliberal a partir do uso que esta faz da moralidade, articulando três elementos: a crítica à heteronormatividade como moldura que enquadra certas vidas como não inteligíveis e, portanto, excluíveis ou descartáveis; a crítica à violência colonial e neocolonial como elemento que autoriza a separação entre a gestão da vida dos incluídos, aqui chamada de biopolítica, e a gestão da vida dos excluídos, aqui definida como necropolítica; a crítica à racionalidade neoliberal como o elemento que, pela via moral, esgarça qualquer possibilidade de aliança entre os despossuídos, outro nome, na obra de Butler, para os excluídos.

Ainda assim, restaria mais uma questão fundamental: encontraríamos aqui condições de possibilidade de luta por emancipação ou, com Butler, estamos apenas propondo a união dos excluídos para fortalecer a reivindicação de inclusão? Caberia discutir, por exemplo, uma política de renda básica universal que *não dependesse* de nenhuma contrapartida, de modo a não vir a sustentar, pela distribuição de renda, o caráter moralizador da inclusão, abrindo assim a possibilidade de um caminho para a emancipação.

Por fim, retomo um aspecto da brasilianização do mundo, para concluir com mais uma pergunta. Voltando ao diagnóstico de Arantes, a hostilidade entre os grupos na base é maior do que uma rebelião contra os que estão no topo, o que impede alianças, mesmo contingentes, e barra movimentos de emancipação. Seria, então, a moralidade o elemento fundamental para a manutenção dessa hostilidade e, portanto, o muro erguido contra qualquer possibilidade de emancipação?

Seja na brasilianização descrita por Arantes, seja no devir-negro do mundo proposto por Mbembe – com o qual o capitalismo global expande o esquema racial de exploração para todas as formas de vida não integráveis –, a moralidade é um elemento oculto da fratura social, forma de violência sobre a qual se deve calar. Uma das explicações possíveis para esse ocultamento perdurar está no *Discurso sobre o colonialismo*, de Aimée Césaire, cuja retórica tem a marca indelével de olhar para os efeitos da violência no colonizador:

> Seria preciso estudar como a colonização funciona para descivilizar o colonizador; para brutalizá-lo no sentido apropriado da palavra, degradá-lo, despertá-lo para instintos soterrados, cobiça, violência, ódio racial e relativismo moral (CÉSAIRE, 2020, p. 17).
>
> [...] a ação colonial, o empreendimento colonial, a conquista colonial fundada no desprezo pelo homem nativo e justificada por esse desprezo, inevitavelmente, tende a modificar a pessoa que o empreende; que o colonizador, o acostumar-se a ver o outro como animal, ao treinar-se para tratá-lo como animal, tende objetivamente, para tirar o peso da consciência, a se transformar, ele próprio, em animal (p. 23).

Um sujeito não pode desumanizar outro sujeito sem sentir sobre si o peso de se tornar, ele também, desumanizado, fazendo refletir em si o lugar bestial que projeta no outro. A preponderância da moralização como fundamento para as formas de violência – colonial, neocolonial e neoliberal – produz pelo menos um resultado positivo para o colonizador: impedir o efeito reflexivo a que Césaire se refere, de modo que a desumanização se mantenha, justificada pela moralidade, apenas do lado do explorado, do subalternizado, do violado, isentando de julgamento ético-político o ato violento do colonizador, do expropriador, do explorador.

Influenciado por Fanon, mas também por Césaire, Mbembe define a "razão negra" como um "conjunto de vozes, enunciados e discursos, de saberes, comentários e disparates, cujo objeto são as coisas ou as pessoas 'de origem africana' e aquilo que se afirma ser seu nome e sua verdade" (MBEMBE, 2018a, p. 60). A razão negra é dividida em dois momentos: o primeiro, o da consciência ocidental do negro, está orientado pela interpelação do colonizador com perguntas como "quem é ele?; como o reconhecemos?; o que o diferencia de nós? poderá ele tornar-se nosso semelhante? como governá-lo e a que fins?" (p. 61). No segundo momento, Mbembe identifica uma declaração de identidade, em que as perguntas são as mesmas, a mudança está no sujeito da enunciação: "quem sou eu?; serei eu, de verdade, quem dizem que eu sou?; será verdade que não sou nada além *disto* – minha aparência, aquilo que se diz de mim?; qual o meu verdadeiro estado civil e histórico?" (p. 62). Cabe pensar que, no enfrentamento do racismo à brasileira – denegado, como diagnosticou Lélia Gonzalez (RODRIGUES; MONTEIRO, 2020) –, as três perguntas de Mbembe podem ser formuladas também pelas pessoas brancas, por aquelas que ainda insistem em projetar a bestialidade no outro, numa tentativa – vã e violenta – de se manter alienado da sua própria brutalidade.

# Desdemocratizações[51]

As democracias ocidentais estão morrendo, e não podemos deixá-las morrer, anuncia uma ampla literatura que tem ocupado livrarias, resenhas e análises de jornal, reiterando o diagnóstico finalista no qual está implícita a ideia de que o fim das democracias ocidentais consuma uma perda irreparável.[52] A constatação de "como as democracias morrem" implica uma necessária cegueira em relação aos limites do que as democracias liberais têm sido capazes de oferecer no contexto político contemporâneo, sobretudo

---

[51] Originalmente, "A morte e a morte das democracias ocidentais", publicado na revista *Remate de Males* (IEL/Unicamp), Campinas, v. 40, n. 1, p. 69-85, jan.-jun. 2020, em coautoria com Isabela Ferreira Pinho, a quem agradeço a amizade, o carinho e as contribuições ao artigo, levemente alterado para constar como capítulo deste livro.

[52] Acerca da prolífica produção de livros sobre o fim da democracia na contemporaneidade, destaco o *best-seller Como as democracias morrem* (2018), de Steven Levitsky e Daniel Ziblatt, assim como o livro de David Runciman, *Como a democracia chega ao fim* (2018), e o de Jean-Marie Guehenno, *O fim da democracia: um ensaio profundo e visionário sobre o próximo milênio* (1993).

o brasileiro.[53] São regimes de governo de alternância de gestão em que as eleições têm pouco ou nenhum poder de promover mudanças efetivas e que estão amparados, por um lado, por políticas compensatórias para aqueles que não são integráveis na estrutura econômica do capitalismo e, por outro, por formas jurídicas e institucionais que operam no espectro do que o filósofo Giorgio Agamben (2004, p. 9-49) identificou como "estado de exceção como paradigma de governo". Na maioria dos casos em que se anuncia, em tom de lamento, o fim da democracia, cabe perguntar: fim de que democracia? A radicalidade da crítica de Agamben aos regimes democráticos reside no fato de que, para ele, toda e qualquer estrutura jurídica, porque calcada na lógica da soberania, implica a captura da vida como vida nua. Enquanto houver Estado ou ordenamento jurídico, haverá a possibilidade de captura da vida como matável. Não por acaso, Agamben se dedica à análise da produção dessa forma de vida pelos Estados democráticos de direito, cujos exemplos vão desde os imigrantes detidos nas salas dos aeroportos sem um estatuto jurídico determinado, passando pelos "sem documentos" – e, portanto, sem cidadania ou pertencimento a um Estado-nação –, passa pelos presos políticos sem julgamento de Guantánamo – tema da sua interlocução com Butler – e chega até as populações das periferias dos grandes centros urbanos, sujeitas a "erros" policiais, porque consideradas matáveis. "Toda sociedade [...] decide quem são seus homens sacros" (AGAMBEN, 2007a, p. 146).

Por isso, para Agamben, enquanto houver Estado, haverá a possibilidade da decisão soberana acerca de qual vida é vivível e qual é matável no átimo de segundo

---

[53] Nesse sentido, reproduzo uma das questões que sustentam o livro de Levitsky e Ziblatt (2018): "Estamos vivendo o declínio e a queda de uma das mais velhas e mais bem-sucedidas democracias do mundo?", pergunta cujo pressuposto não chega a ser questionado.

em que um estado de exceção possa se constituir. Para o filósofo italiano, a decisão soberana não está somente no modelo jurídico-institucional do poder, mas também no modo cotidiano de funcionamento das democracias contemporâneas, o que começa a ser desenhado em "O paradoxo da soberania", primeiro capítulo de *Homo sacer: o poder soberano e a vida nua* (2007a [1995]). Valendo-se de uma leitura de Carl Schmitt e influenciado por Walter Benjamin,[54] Agamben propõe sua própria definição de estado de exceção: "O soberano, tendo o poder legal de suspender a validade da lei, coloca-se legalmente fora da lei" (AGAMBEN, 2007a, p. 23). É assim que a decisão soberana acerca do estado de exceção aponta para uma exterioridade intrínseca a toda norma jurídica, que pode ser constatada na fórmula com a qual a lei se aplica: "se (caso real), então (norma jurídica)" (p. 33), em que a própria aplicação da norma implica uma relação com uma exterioridade, a singularidade irredutível do caso. Será nesse sentido que Agamben dirá que "a lei aplica-se, desaplicando-se" (AGAMBEN, 2004, p. 63), justamente porque a norma, para

---

[54] Embora eu não as analise aqui, gostaria de sublinhar a importância das teses de "Sobre o conceito de história", de Walter Benjamin, para a elaboração agambeniana do tema da exceção, notadamente a tese VIII: "A tradição dos oprimidos nos ensina que o 'estado de exceção' no qual vivemos é a regra. Precisamos chegar a um conceito de história que dê conta disso. Então surgirá diante de nós nossa tarefa, a de instaurar o real estado de exceção; e graças a isso, nossa posição na luta contra o fascismo tornar-se-á melhor. A chance deste consiste, não por último, em que seus adversários o afrontem em nome do progresso como se este fosse uma norma histórica. – O espanto em constatar que os acontecimentos que vivemos 'ainda' sejam possíveis no século XX não é nenhum espanto filosófico. Ele não está no início de um conhecimento, a menos que seja o de mostrar que a representação da história donde provém aquele espanto é insustentável" (BENJAMIN, 2005, p. 83).

ser geral, deve valer independentemente do caso singular, que é a exterioridade que ela pretende normatizar.

A vida do *homo sacer* – figura do direito romano arcaico em que o caráter de sacralidade foi pela primeira vez referido à vida humana e que habita o limiar de indistinção entre o sagrado e o profano – é, em Agamben, o paradigma da vida de um indivíduo excluído da comunidade, ou seja, do âmbito profano, mas que continua a levar uma existência profana. A vida do *homo sacer*, matável e insacrificável, está no limiar entre sagrado e profano. Retirada de seu contexto histórico, representa a forma de vida capturada pelo poder soberano, uma vida despida das tradicionais dicotomias legadas pelo pensamento ocidental: nem animal nem humana; nem biológica nem política; nem vida natural nem vida social.

Em *O que resta de Auschwitz*, Agamben (2008 [1998]) dedica um capítulo à análise dessa forma de vida que, despida de todas as suas configurações factícias e históricas, de todos os seus atributos, torna-se "um cadáver ambulante, um feixe de funções físicas já em agonia" (AGAMBEN, 2008, p. 49). De fato, a radicalidade dessa vida despida, nua, deu-se nos campos de concentração de maneira tal que nem mesmo a morte desses prisioneiros era considerada morte: "Em Auschwitz não se morria: produziam-se cadáveres. Cadáveres sem morte, não homens cujo falecimento foi rebaixado a produção em série" (p. 78). Os campos são para Agamben um paradigma de como o fora da norma pode tornar-se normalizável pela via da exceção. Assim, não recorro a Agamben para igualar a experiência dos campos ao tipo de exceção que é produzida, por exemplo, nas diferentes formas de extermínio das populações periféricas, mas para identificar uma estrutura de funcionamento em que o fora da norma, a exceção, é produzido para que seja possível sustentar uma distinção dentro/fora que é objeto da gestão da violência de Estado e sua produção de cadáveres.

## A violência em Guantánamo
## como paradigma da exceção

Quando, em 2003, publica *Estado de exceção*, a parte II, 1 da tetralogia *Homo sacer*, Agamben faz referência às prisões de Guantánamo e ao que era então um breve artigo de Butler sobre a condição jurídica dos prisioneiros ali depositados. É nesse contexto que o filósofo escreve: "O estado de exceção apresenta-se, nessa perspectiva, como um patamar de indeterminação entre democracia e absolutismo" (AGAMBEN, 2004, p. 13). É também no contexto de questionamento da política bélica do governo de George Bush que Butler escreve "O limbo de Guantánamo",[55] uma crítica às torturas e condições desumanas dos prisioneiros da guerra contra o Iraque.[56] A autora põe sob suspeita o estatuto de "detentos em campo de batalha", designação dada pelos Estados Unidos a todos aqueles que, mesmo presos, não poderiam alcançar a categoria de "prisioneiros de guerra", pois nesse caso estariam protegidos pela Convenção de Genebra. Ao mesmo tempo, por estarem presos nesse "limbo" –

---

[55] O artigo tem pelo menos duas versões. A primeira, mais curta, publicada na revista *The Nation*, em 2002, está traduzida no Brasil pela revista *Novos Estudos* (BUTLER, 2007). A segunda versão, mais desenvolvida, é parte do capítulo "Detenção indefinida" (BUTLER, 2019b).

[56] Anos depois, já durante o governo de Barack Obama, a Comissão de Inteligência do Senado, bipartidária e presidida pela senadora Dianne Feinstein, analisou seis milhões de páginas de documentos da CIA que confirmariam as práticas de tortura, especialmente as técnicas de afogamento, parte das chamadas *Enhanced Interrogation Techniques* (Técnicas de Interrogatório Reforçadas). Foram constatadas inúmeras violações aos direitos humanos e à legislação dos Estados Unidos. No discurso de apresentação do documento, divulgado em dezembro de 2014, a senadora Feinstein afirmou que a principal lição do relatório foi mostrar que, independentemente das pressões e da necessidade de agir, a CIA deveria sempre "refletir quem somos como nação e aderir às nossas leis e padrões" (disponível em: bit.ly/328ExLM. Acesso em: 10 jan. 2020).

e não em território norte-americano –, também não estão protegidos pelos direitos da Constituição dos Estados Unidos. Ao identificar a prisão como "lugar que ainda não está sob a lei ou que, com efeito, está à margem da lei de modo relativamente permanente" (BUTLER, 2007, p. 224), a autora localiza em Guantánamo o estado de exceção do qual dependem as democracias. Embora partam de um diagnóstico comum, Butler e Agamben tomam posições diferentes acerca da relação entre democracia e estado de exceção. Enquanto, para o filósofo italiano, há uma imbricação inexorável entre os dois, para a filósofa estadunidense haveria ainda como encontrar uma solução jurídica que viesse a proteger os prisioneiros de Guantánamo do absolutismo da violência a que estão submetidos. Como decorrência dessa posição, Butler defenderá uma oposição à violência de Estado que se constituiria na defesa de uma democracia radical (BUTLER, 2009 [2015c]).

O tema da violência de Estado ocupou Walter Benjamin em "Para uma crítica da violência", ensaio quase centenário, escrito no conturbado momento alemão de queda do império e proclamação da república, no qual o autor sustenta que o monopólio da violência (*Gewalt*) pelo direito tem em vista a manutenção do próprio direito como estrutura de poder (*Macht*), e não o bem-estar do povo. No cruzamento entre uma violência que instaura (*rechtsentzenden Gewalt*) e uma violência que mantém (*rechsterhaltenden Gewalt*) o direito,[57] Benjamin encontra uma instituição do Estado moderno

---

[57] O próprio contexto histórico da escrita do ensaio benjaminiano reflete esse "ciclo dialético" entre uma violência que instaura um novo direito (queda do império) e um direito que o mantém (a República de Weimar com sua constituição). A violência de guerra e o serviço militar obrigatório no pós-guerra (período de paz) são também exemplos de uma violência que instaura um direito e uma violência que mantém o direito estabelecido, respectivamente. Por

que conhecemos de perto: a polícia. Para ele, o infame dessa instituição reside no fato de que "nela está suspensa a separação entre a violência que instaura o direito e a violência que o mantém" (BENJAMIN, 2011, p. 135). Isso quer dizer que à polícia não corresponderia somente o poder de executar a lei, mas também de "ordenar medidas" (p. 135). Agamben retoma essa proposição e afirma que, também nos Estados democráticos de direito, a polícia, assim como o soberano, habita a zona de indistinção entre violência e direito.

Não somente as polícias, mas também o poder judiciário, ao decidir acerca dos chamados conceitos jurídicos indeterminados, tais como "perigo à ordem pública", "fundada suspeita", "paz social", dentre outros, habita esse limiar, nos termos de Agamben, ou o limbo, na nomenclatura escolhida por Butler:

> Se o soberano é, de fato, aquele que, proclamando o estado de exceção e suspendendo a validade da lei, assinala o ponto de indistinção entre violência e direito, a polícia sempre se move, por assim dizer, em um semelhante estado de exceção. As razões de "ordem pública e de segurança", sobre as quais ela deve decidir em cada caso singular, configuram uma zona de indistinção entre violência e direito exatamente simétrica àquela da soberania (AGAMBEN, 2015, p. 98).

Quando, no trecho aqui citado, Agamben se refere a razões de "ordem pública e de segurança", está se aproximando de uma questão muito específica, a função de conceitos jurídicos indeterminados (OLIVEIRA, 2016). É a

---

um lado, é inerente à violência de guerra, enquanto forma originária e arquetípica, um caráter de instauração do direito, por outro, "o militarismo é a imposição do emprego universal da violência como meio para fins do Estado", para a manutenção de um direito estabelecido (BENJAMIN, 2011, p. 130-131).

partir desses conceitos vazios de conteúdo, dependentes de interpretação, que a exceção pode se constituir na regra nos Estados democráticos de direito. Pedro Oliveira cita como exemplo o artigo da Constituição brasileira que prevê a instauração de um estado de sítio e mostra como essa previsão requer a interpretação de conceitos sem conteúdo determinado, tais como "ordem pública" e "paz social". O estado de defesa consiste em uma modalidade de estado de exceção que busca, segundo o artigo 136 da Constituição de 1988, preservar a "ordem pública" ou a "paz social" ameaçadas por "grave e iminente instabilidade institucional" ou "atingidas por calamidades de grandes proporções na natureza". O recurso da Garantia da Lei e da Ordem pelas polícias militares, por exemplo, segue por esse mesmo curso, conferindo ao Estado o poder de eleger alvos cuja eliminação prometeria oferecer "lei e ordem" a uma parcela da população, enquanto outra parcela não integrável tem como destino a violência policial, o encarceramento em massa ou o extermínio.

## O fim e os fins dos discursos finalistas

O tema do "fim" – marcado pela ambiguidade que une final e finalidade – é uma constante na filosofia de Jacques Derrida, em que a questão acerca do fim da história aparece desde meados da década de 1950, quando ele afirma a impossibilidade de separação entre a história da filosofia e a filosofia da história. Anos depois, já no fim da década de 1960, o artigo "Os fins do homem" (DERRIDA, 1991), por exemplo, fará parte dessa ampla discussão em que fim e finalidade se misturam. Ali, num debate com Hegel, Husserl e Heidegger, Derrida se engaja em discutir as associações históricas entre metafísica e humanismo, tendo entre seus objetivos interrogar o ideal de presença que, na

história da filosofia, regula o enunciado "nós, homens".[58]
Embora seja mais comum que os leitores de Derrida localizem sua contribuição à filosofia contemporânea na sua crítica ao ideal de origem – elemento que, segundo ele, marca a história da filosofia –, as referências ao problema do fim da história são muitas, mesmo que mais elípticas.

O tema permanece em obras subsequentes, na articulação entre fim/finalidade, que, na sua filosofia, interessa a este capítulo. Corria o verão europeu de 1980 quando, em Cerisy-la-Salle, no colóquio *Les Fins de l'Homme (à partir du travail de Jacques Derrida)* (Os fins do homem (a partir do trabalho de Jacques Derrida)),[59] o filósofo retomou a associação entre fim e finalidade para interrogar como os ideais iluministas eram dependentes de uma perspectiva de progresso do homem, tal qual proposta por Kant, em 1784, ano da publicação de *Ideia de uma história universal de um ponto de vista cosmopolita* (KANT, 2010a). Derrida busca uma interlocução com Kant desde o título da sua conferência, "D'un ton apocalyptique adopté naguère en philosophie" (De um tom apocalíptico adotado há pouco em filosofia), que remete diretamente a um texto de 1796, "Sobre um recentemente enaltecido tom de distinção na Filosofia" (KANT, 2010b). Interessa a Derrida o desejo de luz anunciado pela modernidade, mas sobretudo anunciado num certo *tom* que combina a promessa de revelação com o que ele chama de "escatologia apocalíptica", que, diz o autor, "se compromete em nome da luz, do vidente e da visão, e de uma luz da luz,

---

[58] Apenas a título de exemplo: "O pensamento do fim do homem, portanto, está sempre já prescrito na metafísica, no pensamento da verdade do homem. O que hoje é difícil pensar é um fim do homem que não seja organizado por uma dialética da verdade e da negatividade, um fim do homem que não seja uma teleologia na primeira pessoa do plural" (DERRIDA, 1991, p. 161).

[59] Ver: bit.ly/3ti53ya. Acesso em: 1 mar. 2021.

de uma luz mais luminosa que todas as luzes que ela torna possível" (DERRIDA, 1997, p. 46). A que serve anunciar o fim? A quem interessa a verdade sobre o fim? São perguntas contaminadas pelo modo como Derrida se posiciona em relação a uma teleologia de matriz hegeliano-marxista que será retomada no debate que, uma década depois, ele estabelecerá com Francis Fukuyama em *Espectros de Marx*, cujo tema é a crítica ao fim da história, entendida como progresso linear e constante em direção a uma finalidade.[60]

O fim da ideologia e o fim da história, pregados por Fukuyama como um "evangelho", partiam da concepção de que a democracia liberal é a forma final de governo humano, para a qual o mundo convergiu. Derrida classifica essas proposições de "vitrine ideológica do capitalismo vencedor", cujo elogio à democracia liberal depende de ignorar tudo aquilo que nos permite duvidar dessa vitória. Não apenas nega o trinfo da democracia, como também anuncia que ela ainda não aconteceu. No contexto de crítica à proposição de Fukuyama sobre o fim da história, Derrida começa a elaborar sua proposição de "democracia porvir", cujo desenvolvimento podemos pensar como um contraponto à suposta vitória apocalíptica de Fukuyama: "Só se pode falar em democracia porvir – que não é democracia futura, não é utópica, não é uma ideia reguladora, mas uma promessa infinita, porque democracia exige o respeito infinito pela singularidade, assim como pela igualdade entre as singularidades" (DERRIDA, 1994, p. 92).

A expressão "democracia porvir" foi retomada na conferência "Força de lei" com o mesmo tom de impossibilidade: "Ainda não existe democracia digna desse nome. A democracia ainda está por vir: por engendrar ou por regenerar" (DERRIDA, 2007, p. 108). Democracia porvir foi

---

[60] A esse respeito, ver, neste volume, o capítulo "Melancolias".

uma proposição muitas vezes confundida ou interpretada como uma democracia que só se apresenta num horizonte messiânico, mas, se retomarmos o argumento com o qual Derrida está associando democracia ao ordenamento jurídico, talvez seja possível propor uma relação entre democracia porvir e estado de exceção. Seguindo de perto o método de Benjamin em sua crítica à violência, Derrida discrimina dois termos – "direito" e "justiça" – a fim de diferenciá-los, separá-los.[61] No direito, afirma ele, não há possibilidade de justiça, apenas de cálculo. Acrescentando a esse argumento as proposições de Agamben e Butler, podemos pensar que o cálculo é aquilo que, na ordem jurídica na qual estão fundadas as democracias ocidentais, estabelece a métrica entre as vidas que contam e as que vidas que não são contabilizadas como perda. O autor quer, por isso, apontar para uma fragilidade inerente à dependência do sistema jurídico-político, fragilidade com a qual ele também critica os discursos finalistas em qualquer sentido desse termo:

> A expressão "democracia porvir" leva em conta a historicidade absoluta e intrínseca do único sistema que acolhe nele mesmo, em seu conceito, essa fórmula da

---

[61] Como explica Jeanne-Marie Gagnebin em nota à tradução de "Para uma crítica da violência" (BENJAMIN, 2011), Benjamin emprega o conceito de crítica no sentido de "delimitação dos limites". "*Kritik*", segundo a etimologia do verbo grego "*krinein*", remete a separar, distinguir, delimitar. Quando escreve sobre "Para uma crítica da violência", Derrida usa uma estratégia recorrente: se vale do mesmo método do autor com quem está dialogando. No exemplo específico de "Força de lei", toma para si o método crítico de Benjamin. Assim, Derrida se dedica a separar, distinguir e delimitar os conceitos de direito e justiça tomando como ponto de partida a crítica de Benjamin, que já havia separado, distinguido e delimitado a violência instauradora e a violência mantenedora do direito para mostrar como, a cada vez que a violência mantenedora do direito se presentifica, traz a violência instauradora.

autoimunidade que se chama de direito à autocrítica e à perfectibilidade. A democracia é o único sistema, o único paradigma constitucional no qual, em princípio, se tem ou se toma o direito de a tudo criticar publicamente, aí incluída a própria ideia de democracia, seu conceito, sua história e seu nome (Derrida, 2003, p. 126-127).

À noção de democracia porvir ele acrescentou uma metáfora biológica, a autoimunidade, conferindo ao corpo social o estatuto de um organismo vivo. Foi assim que o filósofo elaborou a relação entre democracia e as doenças autoimunes, em que uma anomalia no funcionamento das células saudáveis produz um ataque ao próprio corpo. A autoimunidade seria a condição de possibilidade de existência da democracia, o único regime de governo capaz de suportar a sua própria exceção. Nessa aporia, o fim da democracia é também aquilo que a caracteriza. Ao propor que todo regime democrático está sustentado na sua auto-destruição, Derrida esvazia as tentativas de aperfeiçoamento da democracia pela via do consenso ou da tolerância, em voga no multiculturalismo à moda habermasiana – também objeto das críticas de Butler. Mas, em função de questões que permanecem atuais, como parece ser o próprio impasse sobre aonde as democracias ocidentais chegaram – "em nome da democracia, uma democracia deve deixar em liberdade e em condição de exercer poder aqueles que podem colocar em risco as liberdades democráticas em nome da democracia?" (Derrida, 2003, p. 58) –, o filósofo mantém o caráter aporético disso que chamamos democracia.

Talvez exista, no entanto, outra forma de escuta do tom apocalíptico que anuncia a morte das democracias ocidentais. Os diagnósticos de Agamben – que associa democracia a estado de exceção – e de Derrida – que lança a democracia numa relação aporética com seu fim – não anunciam a morte da democracia, embora participem de um conjunto de autores que denunciam como práticas antidemocráticas podem ser perpetradas em defesa da democracia como valor universal e da violenta sustentação da soberania do Estado-nação. Cada um a seu modo, Agamben e Derrida serão críticos da democracia como ideia reguladora ou ideal a ser alcançado, aprimorado ou mesmo radicalizado, seja por estar intrinsecamente marcada – ou mesmo dependente – de mecanismos de estado de exceção como sustentação, seja pela associação entre democracia, direito e violência.

Butler ingressa nesse debate apontando para o quão antidemocráticas são as práticas da democracia nos Estados Unidos, entretanto, por mais interessante que seja sua proposição de alianças políticas de crítica à violência como modo de alcançar uma democracia radical, há na sua filosofia uma aposta no horizonte jurídico-institucional do qual tanto Derrida quanto Agamben se afastam. Em constante diálogo com a obra de Wendy Brown e sua aguda crítica ao neoliberalismo, Butler se diferencia dos dois filósofos cujos marcos teóricos são de origem europeia e têm como principal acontecimento traumático a Segunda Grande Guerra, os campos de concentração e o holocausto. Butler e Brown, no entanto, operam a partir de outros traumas, o 11 de Setembro de 2001 e a crise financeira de 2008. Enquanto Butler une um tema que já estava presente na sua filosofia – a discriminação contra certas formas de vida a partir da crítica à heteronormatividade – à oposição às respostas do governo contra os ataques aos Estados Unidos, Brown faz, em relação aos *problemas da democracia*, uma abordagem mais econômica:

> No cerne da democracia moderna figuram as ideias de igualdade e liberdade universais. Quando a democracia passa pela economicização do Estado, da sociedade e dos sujeitos, típica da racionalidade neoliberal contemporânea,

esses termos e práticas são metamorfoseados. Eles perdem sua validade política e ganham outra, econômica: a liberdade é reduzida ao direito ao empreendedorismo e sua crueldade, e a igualdade dá lugar a mundos ubiquamente competitivos de perdedores e vencedores (BROWN, 2018, p. 8-9).

E é assim que ela trabalha com a ideia de desdemocratização que se dá dentro dos regimes democráticos, ou seja, que não precisam do seu fim, apenas do seu fracasso. Aqui, interesa sublinhar uma característica que parece unir os discursos de fim: funcionam como um estranha e paradoxal forma de sustentação do dogma de que "a democracia constitucional-procedimental-parlamentar é a única estrutura confiável para se pensar a política" (PEREIRA, 2017, p. 188).

Bem ao contrário, há críticas a essa democracia constitucional-procedimental-parlamentar que, sem se alinhar aos discursos finalistas, são agudas na percepção, inclusive, dos elementos que, a serviço de interesses oligárquicos, contribuíram para tornar a democracia uma espécie de referência vazia de valores:

> O que chamamos de democracia é um funcionamento estatal e governamental que é o exato contrário: eleitos eternos, que acumulam ou alternam funções municipais, estaduais, legislativas ou ministeriais, e veem a população como o elo fundamental da representação dos interesses locais; governos que fazem eles mesmos as leis; representantes do povo maciçamente formados em certa escola de administração; ministros ou assessores de ministros realocados em empresas públicas ou semi-públicas; partidos financiados por fraudes nos contratos públicos; empresários investindo uma quantidade de dinheiro colossal em busca de um mandato; donos de impérios midiáticos privados apoderando-se do império das mídias públicas por meio de suas funções públicas.

Em resumo: a apropriação da coisa pública por uma sólida aliança entre a oligarquia estatal e a econômica (RANCIÈRE, 2014, p. 93).

O diagnóstico de Jacques Rancière é de 2005, anterior, portanto, à mais recente onda finalista que cresceu, em grande medida, impulsionada pelo avanço dos governos de extrema direita nas ditas democracias ocidentais. Se a esse cenário tão válido quanto desolador acrescentarmos o componente político-jurídico observado por Agamben e o aspecto aporético tratado por Derrida, talvez valha a pena interrogar a que servem os discursos de fim da democracia. Se as democracias já estavam mortas antes de seus anúncios fúnebres, cabe então uma analogia com *A morte e a morte de Quincas Berro d'Água*, em que Jorge Amado tem a astúcia de matar seu protagonista duas vezes: a primeira, uma morte moral e, portanto, simbólica; a segunda, uma morte física e real. As democracias ocidentais como funcionamento estatal e governamental não cansam de morrer, estão sempre chegando ao fim, e esta talvez seja mesmo sua finalidade: sustentar estruturas estatais e econômicas que exigem essa plasticidade para se perpetuar, mesmo que isso dependa tanto do reiterado anúncio de sua morte quanto do elogio de seu fim.

**TERCEIRA PARTE**
# Encontros feministas

# O corpo infeliz[62]

Começo com Hegel. E, antes de afastar leitores e leitoras, esclareço que recorro ao filósofo alemão num âmbito bem delimitado: a leitura que Butler faz de um capítulo da *Fenomenologia do Espírito*, "A consciência infeliz", em que ela percebe o funcionamento de um modo de subtração dos corpos. No Hegel lido por Butler, procuro uma via para discutir o mecanismo pelo qual o corpo do escravo precisa desaparecer para que o senhor[63] possa se apropriar dos objetos produzidos pelo trabalho do escravo. Para a

---

[62] Originalmente publicada na revista *Letra Magna*, v. 16, n. 26, 2020, a primeira versão deste capítulo foi escrita em coautoria com o pesquisador Gabriel Henrique Lisboa-Ponciano, doutor em Filosofia (UFRJ), a quem agradeço a interlocução e as valorosas contribuições na leitura de Hegel. Do artigo ao capítulo o texto sofreu alterações. A promessa de uma continuação do desenvolvimento de uma pesquisa acerca das interlocuções permanece.

[63] Mantenho "senhor" e "escravo" no masculino, sem generificar, seguindo o argumento de Butler de que "devemos deixar que o escravo ocupe o lugar da presumível masculinidade" (BUTLER, 2017a, p. 46). Já na segunda parte do artigo, quando me refiro à relação entre a dona de casa e a empregada doméstica, trato especificamente de uma relação entre duas mulheres.

operação de substituição funcionar, o corpo do senhor também não pode existir enquanto tal.

Visito o Hegel de Butler por acreditar que a leitura dela seja útil para a discussão de algumas características do trabalho doméstico realizado por mulheres no contexto brasileiro. Encarnando uma personagem específica na formação social brasileira, as mulheres empregadas domésticas somam 97% dos 6,3 milhões de trabalhadores nessa categoria contabilizados pelo IBGE em 2019, e 70% dessas trabalhadoras são mulheres negras (PINHEIRO *et al.*, 2019, p. 12). A literatura sobre as características raciais, sociais e econômicas desse debate é vasta[64] e exige uma habilidade específica mais apropriada à antropologia. Sem recorrer a dados empíricos que poderiam nuançar as grandes estatísticas, minha intenção é descrever o modo de subtração dos corpos descrito por Butler a partir de Hegel e fazer uma analogia entre esse mecanismo e a subtração dos corpos das mulheres na esfera doméstica – "patroa" e "empregada" –, propondo que, assim como o corpo do escravo precisa desaparecer para que o senhor possa apropriar-se do objeto produzido por ele, o corpo da empregada doméstica precisa desaparecer como corpo-substituto da dona de casa.

Continuando a seguir o Hegel de Butler muito de perto, haveria um segundo desaparecimento, o do corpo do senhor, que foi substituído pelo corpo do escravo – substituição que o senhor precisa poder esquecer para usufruir do trabalho do escravo. No espaço da casa, há algo nessa operação de substituição que produz o desaparecimento do corpo de duas mulheres: o da dona da casa desaparece por não estar implicado na produção e na gestão da própria casa; o da doméstica desaparece por estar, sem poder estar,

---

[64] Alguns exemplos em Vieceli; Wünsch; Steffen (2017); Gonzalez (2017); Pinheiro (2019); Brasil (2012); Mori *et al.* (2011).

implicado na realização de uma atividade que precisa ser realizada pela "patroa", mas não é. Dois corpos são duplicados e apagados, produzindo algo de sintomático para ambas as mulheres – o que chamo de "corpo infeliz", numa analogia com a "consciência infeliz" descrita por Hegel. Comecemos, então, por ele, se é que já não começamos.

## A consciência infeliz: Butler lendo Hegel

Desde *Subjects of Desire* (1987), tese de doutorado de Butler, Hegel comparece como referência filosófica fundamental no pensamento da autora (RODRIGUES, 2019b). Entretanto, é necessário especificar: Butler trata de um Hegel segundo a recepção que ele teve na França a partir dos anos 1930, que tem como marco traduções de comentadores, desde a publicação, por Alexandre Koyré, de *Hegel em Iena*, em 1931, até os cursos sobre a *Fenomenologia do Espírito* ministrados por Alexandre Kojève entre 1933 e 1939 e publicados sob o título *Introdução à leitura de Hegel*, em 1947. A filósofa percorre o campo aberto pela leitura de Kojève, tomando, como ele havia feito, o capítulo IV, "Dominação e escravidão", como central na *Fenomenologia do Espírito* – ambos o consideram uma antropologia hegeliana. Com frequência, a *Fenomenologia*, publicada em 1807, é comparada a um romance de formação, em que o processo de elaboração das proposições hegelianas vai se dando diante do/a leitor/a e almeja, justamente, operar algum tipo de transformação naquele/a que lê. As aventuras da consciência estão na história da filosofia como marco do surgimento de um sujeito desejante. Nesse percurso da consciência está a seção "A consciência infeliz" [*unglückliche Bewußtsein*], sobre a qual Butler se debruça em "Apego obstinado, sujeição corporal: relendo Hegel sobre a consciência infeliz", primeiro capítulo de *A vida psíquica do poder* (BUTLER, 1997c [2017a]).

É com esse texto que vou trabalhar. Meu ponto de partida é sua interpretação para o "paradoxo da sujeição corporal" (BUTLER, 2017a, [1997c], p. 42), situado na *Fenomenologia do Espírito*, na passagem da seção A, "Independência e dependência da consciência de si: Dominação e Escravidão", para a seção B, "Liberdade da consciência-de-si: Estoicismo – Cepticismo – Consciência infeliz" (HEGEL, 2011). Butler está interessada em pensar o processo que faz com que o corpo se submeta à consciência, trazendo para o sujeito a internalização da submissão e exigindo a cisão da psique em duas partes: uma que comanda, outra que obedece. Nessa divisão, o corpo permanece separado da consciência, assumindo uma forma que a consciência precisa continuar renegando para ter a liberdade de exercer o domínio sobre o próprio corpo.[65] Já o meu interesse na análise dela começa pela indicação de que os corpos quase não são objeto de reflexão filosófica na *Fenomenologia*. O corpo é tomado por Hegel apenas como "invólucro" para a consciência. No entanto, observa a autora, na seção sobre a consciência infeliz, senhor e escravo já aparecem em diferentes posições no que diz respeito à vida corporal: "Em certo sentido, o senhor se coloca como um descorporalizado desejo de autorreflexão, que não só exige a subordinação

---

[65] Acredito poder afirmar que o objetivo de Butler no capítulo "Apego obstinado, sujeição corporal: relendo Hegel sobre a consciência infeliz" (BUTLER, 2017a, p. 39-68) é discutir outra questão, diferente da que apresento aqui. A intenção da filósofa, na análise da passagem da servidão para a consciência infeliz, é pensar o que acontece quando o escravo se torna senhor de si mesmo e de seu próprio corpo. A consciência é infeliz no sentido de ser a que se submete a si mesma, problema que Butler vai articular ao assujeitamento em Foucault e aos imperativos morais percebidos por Freud em "O mal-estar na cultura" (FREUD, 2020). Gostaria de registrar e agradecer o insistente interesse do pesquisador Rafael Cavalheiro (UFRJ) na leitura desse capítulo de *A vida psíquica do poder*.

do escravo em sua condição de corpo instrumental, como também exige, de fato, que o escravo seja o corpo do senhor, mas de modo tal que o senhor esqueça ou renegue sua própria atividade na produção do escravo" (BUTLER, 2017a, [1997c], p. 43).

Esse esquecimento só acontece a partir do que ela chama de "truque", ou seja, de uma artimanha cujo objetivo é ocultar aquilo mesmo que aconteceu. Qual é o truque? "Seja meu corpo para mim, mas não me deixe saber que este corpo em que você está é o meu", explica Butler (p. 44), propondo compreender como esse "esquecimento" é parte intrínseca e implícita do contrato de substituição corporal.

> Nesse sentido, o senhor contratou o escravo como sub-rogado ou substituto. O escravo, portanto, pertence ao senhor, mas com um tipo de pertença que não pode ser reconhecida, pois reconhecê-la implicaria reconhecer a substituição e, por conseguinte, expor o senhor como o corpo que evidentemente ele não quer ser. Desse modo, o escravo trabalha como substituto a serviço da renegação; é apenas mediante o arremedo e o encobrimento do caráter mimético do trabalho que o escravo parecer ser ativo e autônomo (p. 44-45).

Aqui, ela articula o problema do encobrimento da operação de substituição dos corpos com o problema do produto que resulta do trabalho do escravo. Quando o senhor contrata o escravo como substituto, a quem pertence o trabalho realizado pelo corpo do escravo? Na medida em que o senhor determinou ser o escravo aquele que "ocupa seu corpo para si", o resultado dessa atividade contém "um conjunto visível e legível de marcas" (p. 44) do trabalho do escravo, o que faz com que esse trabalho *pareça* pertencer ao escravo, embora pertença ao senhor. Butler quer, com isso, propor que o produto do trabalho do escravo participa desse truque do esquecimento, visto que esse objeto precisa encobrir a atividade do escravo como "dissimulação" (p. 45). É preciso então que o senhor usufrua do trabalho do escravo sem poder saber ali das marcas do escravo – vê-las desmontaria a artimanha do esquecimento –, mas também sem poder saber sobre a ausência das suas próprias marcas.

Butler passa então a discutir o que ela chama de "propriedade controversa" (p. 46): se há no objeto a marca do escravo, é a ele que o resultado do trabalho parece pertencer, de tal modo que o escravo assinaria em nome do senhor, como sub-rogado. Mas essa assinatura, observa a autora, não firma ao escravo a posse do resultado do seu trabalho, bem ao contrário, torna-se signo e lugar de uma duplicação da propriedade, preparando, assim, uma cena de disputa. Essa cena nos interessa para discutir como se dá essa disputa no espaço doméstico, onde a assinatura do trabalho de gestão da casa ou desaparecerá ou aparecerá em disputa entre as mulheres.

Isso porque o objeto que está marcado pelo trabalho do escravo reflete – refletir aqui no sentido de devolver a ele sua própria imagem, como no espelho – sua possibilidade de deixar marca naquilo que produz com seu trabalho, numa "assinatura que é irredutivelmente sua" (p. 46). Mas se essa assinatura "própria" se apaga quando o escravo entrega o objeto ao senhor, Butler propõe compreender o trabalho do escravo como marca que "regularmente se desmarca, um ato signatário que se expõe ao apagar no momento em que circula" (p. 46). Na circulação, importa a marca da expropriação. Gostaríamos de ressaltar o caráter desse apagamento como o próprio fundamento do contrato entre senhor e escravo, considerando que esse esquecimento não será necessariamente possível quando essa relação entre o senhor e o escravo for entre "dona de casa" e "doméstica": "Desde o início, é claro, o escravo trabalha para outro, sob o nome ou o signo de algum outro, e com isso marca o objeto com sua própria assinatura sob uma série de condições em que a assinatura já está sempre apagada, sobrescrita, expropriada, ressignificada" (p. 46).

Mas se essa assinatura já é, desde o início, passível de apagamento, então o escravo só pode reconhecer a si mesmo no trabalho na perda da assinatura. Ou seja, é na expropriação do objeto de seu trabalho que está também o reconhecimento pelo trabalho realizado. Essa expropriação está presente na experiência que o senhor tem do objeto, já que a possibilidade de reconhecer o objeto como próprio está na já mencionada operação de duplo apagamento: primeiramente, o senhor precisa apagar a ausência do seu corpo na produção do objeto; depois, apagar a marca do corpo do escravo no objeto produzido. Interessa pensar que essas duas posições não são opostas, por experimentarem, cada uma a seu modo, a perda do objeto e, consequentemente, "uma transitoriedade pavorosa" (p. 47).

Afinal, dar forma a um objeto por meio do trabalho é, seguindo a concepção hegeliana, fornecer existência ao objeto, de modo a superar a transitoriedade contida na atividade de mero consumo do objeto. No entanto, se o senhor não produz e não se implica na realização dos objetos, só os consome, o que lhe resta experimentar no objeto é a transitoriedade; se o escravo produz, mas é expropriado do que produziu, também lhe resta experimentar apenas a transitoriedade. Meu interesse no problema da dupla expropriação do objeto – pelo senhor e pelo escravo – diz respeito a pensar o funcionamento desses mecanismos de apagamento de assinatura e de relação de transitoriedade com os objetos produzidos pelo trabalho doméstico voltado, em grande medida, para a reprodução da vida.

Importa também a articulação entre a transitoriedade do objeto e o caráter transitório do corpo de quem o produz: "O corpo trabalhador que agora sabe ter dado forma ao objeto também sabe que é *transitório*. Além de negar as coisas (no sentido de transformá-las pelo trabalho) e de ser uma atividade negadora, o escravo está sujeito a uma negação plena e final na morte" (p. 49). Segundo a autora, o reconhecimento da morte do corpo é evitado por um modo de vida em que o corpo morre sem cessar (p. 50). Dito de outra maneira, é trabalhar sendo expropriado do próprio trabalho, necessariamente se despojando da propriedade do seu próprio corpo, tão transitório quanto os objetos que produz. Corpos expostos à morte sem cessar são corpos fantasmáticos, corpos que vivem uma dívida impagável (SILVA, 2019), para usar a expressão que dá título ao trabalho da antropóloga Denise Ferreira da Silva, corpos que carregam a marca espectral da violência colonial fundadora disso que hoje chamamos "Brasil".

## O corpo infeliz das mulheres

Pode um corpo ser infeliz? A infelicidade é um atributo corporal de um corpo exposto à morte sem cessar? O termo alemão para infeliz é *"unglücklich"*, sendo *"un-"* o prefixo negativo, como o nosso "in"; *"glücklich"* o adjetivo, "feliz"; e *"Glück"* o substantivo, "felicidade". Felicidade, além de ser estado de satisfação ou contentamento, é também sinônimo de êxito. Um bom exemplo está na teoria dos atos de fala de John Austin, em que ele propõe que atos performativos felizes são aqueles que realizam o que pretendem, ou seja, obtêm êxito (AUSTIN, 1990). Um corpo infeliz pode ser compreendido como um corpo que fracassa, repetidamente fracassa, "um corpo que morre sem cessar" (BUTLER, 2017a, [1997c], p. 50). É pela compreensão de felicidade/infelicidade nessa chave que se sustenta a analogia do título deste capítulo com o título de Hegel, "A consciência infeliz". Indagamos, a partir do caráter infeliz da consciência, se há a possibilidade de localizar essa infelicidade também no corpo. Para isso, seguindo o mesmo percurso da primeira parte deste capítulo, passo a descrever a relação entre "patroa" e "empregada" nos mesmos termos da relação entre o senhor e o escravo.

A dona de casa, aquela que contrata os serviços da empregada doméstica, ocupa o lugar do senhor na cena hegeliana descrita por Butler, ou seja, como um desejo descorporalizado, reivindicando da empregada doméstica sua subordinação como corpo instrumental. Há, nessa relação, a exigência de que a empregada seja o corpo da patroa, mas a empregada tem de repetir a operação do escravo na relação com o senhor e operar de tal modo que a dona de casa possa "esquecer ou renegar" sua própria atividade na produção da empregada. Para isso, é preciso que as mulheres estejam autorizadas ao esquecimento que, como vimos, funda o contrato entre o senhor e o escravo, o que não necessariamente se confirmará.

Aparece então o truque que sustenta esse esquecimento quando uma mulher pede a outra mulher: "seja meu corpo para mim, mas não me deixe saber que esse corpo em que você está é o meu". Aqui, passo a discutir o que resulta do trabalho dessa empregada e como seu corpo está implicado no espaço doméstico. A principal intenção é pensar o que acontece na peculiaridade dessa relação entre duas mulheres cujos corpos se duplicam e se apagam mutuamente. Dois corpos femininos dividem o mesmo lugar, a casa; as mesmas funções, o trabalho doméstico na sua lida cotidiana com a organização do espaço; a gestão da rotina da família e da alimentação, o que pode ocorrer mesmo em situações em que a dona da casa não "trabalhe fora", como se diz na linguagem usada pelas empregadas domésticas para se referir ao emprego de suas "patroas", marcando aí o fato de que elas trabalham "dentro de casa", embora o local de trabalho não seja a própria casa, mas a de outrem, que, no entanto, deve ser cuidada como própria.

Analisemos, então, o objeto que resulta do trabalho da empregada doméstica. Quando a dona de casa contrata a doméstica como substituta, cabe repetir a pergunta: a quem pertence o trabalho realizado pelo corpo da empregada? Ora, de acordo com o esquema hegeliano, a dona de casa determinou ser a empregada doméstica aquela que "ocupa seu corpo para si", o que faz com que a atividade da empregada tenha, numa analogia com a atividade do escravo, "um conjunto visível e legível de marcas", fazendo com o que o trabalho pareça pertencer à empregada, embora pertença à dona de casa. À dona de casa cabe usufruir do objeto do trabalho da empregada sem ver as marcas desta nesse trabalho, mas também sem poder saber sobre a ausência de suas próprias marcas.

Produz-se, assim, um modo de vida em que a empregada doméstica cuida de uma família "como se fosse sua", e a dona de casa, ao apagar o objeto do trabalho da empregada, cuida da família "como se não fosse sua", na medida em que não é o seu trabalho que está implicado na gestão, organização e manutenção do espaço doméstico e, portanto, não é o seu corpo que está implicado no trabalho de cuidar da própria família, explicitando assim o que Butler chamou de "propriedade controversa".

Para melhor desenvolvimento dessa hipótese, analisaremos uma formação familiar hipotética e paradigmática.[66] Uma família heteronormativa, urbana, escolarizada,

---

[66] Mais uma vez, recorro à concepção de paradigma como método em Giorgio Agamben (2019), que tem como características ser uma forma de conhecimento analógica e permitir produzir planos de clivagem que possibilitam tornar legível um arquivo cronológico em si inerte.

composta por marido, mulher e filhos/as, em que os dois cônjuges estão no mercado de trabalho e cujas remunerações sustentam a casa em partes mais ou menos iguais (sempre é preciso levar em conta discrepâncias salariais entre homens e mulheres). A dona da casa está deslocada das funções de trabalho doméstico para prover melhores condições econômicas ao conjunto da família (seria bom evitar valorar aspectos como escolha individual, carreira, desejo de realização profissional, emancipação etc.). Essa mulher passa a depender de uma duplicação do seu corpo e da sua substituição pela empregada doméstica, que, seguindo as estatísticas, é provavelmente uma mulher negra, a quem caberá ocupar o lugar da dona da casa. Como já visto, para que esse esquema funcione, é preciso um "truque", em que o corpo substituído esquece sua substituição, e o corpo que substitui esquece estar substituindo.

Lembramos que esse duplo esquecimento – ou denegação, num registro freudiano – está, desde o início, estabelecido no contrato entre o senhor e o escravo. Se, pela via do esquecimento, essas duas mulheres são expropriadas da posse do objeto do trabalho, a assinatura desse trabalho ou desaparece ou aparece em disputa. Seria desnecessário tentar descrever os inúmeros problemas possíveis na disputa entre duas mulheres na organização de uma casa e de uma família, a começar pelo sintagma "dona de casa", referência às mulheres incumbidas de cuidar de uma casa e da família que ali habita. Reproduzir a vida está longe de ser uma atividade apenas braçal. Bem ao contrário, envolve a transmissão de valores e princípios

---

Essa clivagem funciona como um tipo de corte com o qual analiso a relação entre a patroa e a empregada doméstica como paradigma das relações de dominação e poder na formação social brasileira, sem precisar com isso torná-las universais.

implicados na escolha da alimentação, do modo de ocupação do espaço comum e mesmo a hierarquização e a generificação das tarefas.

Seguindo a descrição do caso paradigmático, cabe pensar como se daria o apagamento da assinatura desse trabalho da empregada doméstica. Para isso, seria preciso indagar sobre qual é o objeto produzido pelo trabalho doméstico cotidiano: alimentação, arrumação do espaço, limpeza do ambiente e lavagem das roupas são algumas das tarefas comuns atribuídas à empregada, encarregada daquilo que a filósofa Silvia Federici (2019) chama de "trabalho reprodutivo", segundo ela, ignorado no verdadeiro alcance da exploração capitalista: "A análise do capitalismo feita por Marx foi prejudicada por sua incapacidade de conceber o trabalho produtor de valor de outra forma que não seja a de produção de mercadorias, e sua consequente cegueira quanto à importância do trabalho reprodutivo não remunerado realizado por mulheres no processo de acumulação primitiva" (FEDERICI, 2019, p. 195).

A cegueira em relação ao trabalho reprodutivo não remunerado permanece ativa no que diz respeito ao trabalho reprodutivo, mesmo que remunerado, de uma doméstica. Cegueira, esquecimento e apagamento que, também se valendo da leitura de Hegel, Hourya Bentouhami (2017) nomeia de *corps-doublure* – cuja tradução poderia ser "corpo-duplicado" ou "corpo-substituto". Bentouhami recorre ao esquema hegeliano de dominação/escravidão, implicado nessa operação de substituição de um corpo pelo outro, e escreve: "Isso que chamamos de '*corps-doublure*' quer dizer corpos cuja existência é legitimada por meio da obrigação de endossar [no original, *endosser*, que também poderia ser traduzido por 'assinar' ou 'sub-rogar'], como um corpo duplo, um ser que seria mais digno do que ele, pelo qual esse corpo é responsável por manter" (BENTOUHAMI, 2017,

p. 113).[67] Nessa passagem, a autora está se referindo à operação de duplicação como equivalente a uma operação de legitimação, em que o corpo que substitui extrai a legitimidade de sua existência do corpo substituído, esse, sim, corpo com valor. Se esse esquema parece de fácil compreensão na relação entre o senhor e o escravo, torna-se um pouco mais complexo na relação entre duas mulheres, porque supõe que o corpo da mulher-branca-dona-de-casa, a ser substituído pelo corpo da mulher-negra-empregada-doméstica, já tenha existência legitimada.

Neste ponto, acredito ser útil retomar uma das muitas tensões entre feminismos brancos e feminismos negros na segunda onda feminista no Brasil. Uma das acusações das mulheres negras era de que as mulheres brancas reproduziam, em relação a elas, o mesmo esquema de opressão ao qual eram submetidas pelos homens. De fato, se tomarmos os cuidados com a casa como o objeto do trabalho da empregada, podemos perguntar que corpos estão permitidos de existir ali, e pensar que a mulher-branca-dona-de-casa não tem direito ao mesmo não querer saber do seu próprio apagamento, de sua expropriação em relação ao trabalho pelo qual será sempre responsabilizada, mesmo sem tê-lo realizado. Podemos supor que os dois corpos estabelecem no mesmo espaço uma disputa permanente: aqui estão dois corpos infelizes.

## Corpo, abjeção e inumano

O corpo, que, em 1990, aparece em *Problemas de gênero* (BUTLER, 1990 [2003]) como discursivo – tendo, supostamente, sua materialidade negada –, será não apenas tema principal do livro seguinte, *Corpos que importam* (BUTLER,

---

[67] Agradeço a Allyson Peres a indicação da leitura do trabalho de Hourya Bentouhami.

1993 [2019a]), como também é o elemento que permanece na obra de Butler e faz a articulação entre uma das críticas contidas em *Problemas de gênero*, qual seja, a do centramento no corpo da mulher como marcado pela discriminação, e o problema da desumanização de vidas não enlutáveis, cujos corpos são lançados à pura experiência de vulnerabilidade e precariedade. Foi a partir de uma passagem de *Corpos que importam* que a leitura de Hegel tornou-se incontornável: "O que é racional desmaterializa os corpos que não podem apropriadamente representar a razão ou suas réplicas e, ainda assim, é uma figura em crise, pois esse corpo da razão é a própria desmaterialização fantasmática da masculinidade, que requer que mulheres e escravos, crianças e animais sejam o corpo e desempenhem as funções corporais que os homens não realizarão" (BUTLER, 2019a, p. 80-81).

A proposta foi analisar como, numa situação muito particular, mulheres donas de casa que podem dispor de serviços de empregadas domésticas para substituí-las experimentam, pelo menos em parte, essa desmaterialização fantasmática da masculinidade. Não estão, no entanto, autorizadas a isso, já que ser mulher é ter um corpo e não poder esquecer disso, de tal forma que esse esquecimento a quem senhor e escravo têm direito no contrato de substituição não está dado quando o contrato é estabelecido entre duas mulheres. A infelicidade se instala em ambas, já que a elas o contrato só pode oferecer "uma transitoriedade pavorosa", vivendo uma vida em que o corpo morre sem cessar. O corpo da empregada, na maioria dos casos negra, já entra na cena do contrato como um corpo sem as marcas tidas como femininas.

Aqui, há um longo fio a puxar, começando com bell hooks e a pergunta "Eu não sou uma mulher?" (HOOKS, 2019). O corpo animalizado da mulher negra vive exposto à morte, e sua infelicidade está em trabalhar como a pessoa que lida com o lixo de quem pode não querer saber do seu próprio resto. Faltaria então perguntar: como se produz a infelicidade do corpo da mulher branca?[68] Em casa, diante da empregada doméstica, ela está autorizada a encarnar a "desmaterialização fantasmática da masculinidade", ainda que esses dois corpos estejam sempre em disputa. No espaço público, seu corpo volta a ser aquele que desempenha "as funções corporais que os homens não realizarão". A "dona de casa" vai ao mercado de trabalho, mas lá retorna ao lugar de submissão que teria, supostamente, deixado para trás ao ter um corpo-duplicado que se divide em duas funções: o trabalho de reprodução da vida que seria feito pela mulher branca e a lida com o lixo, aqui entendida como todo dispêndio incluído em atividades de limpeza que lidam com os restos.

A pergunta "Quem tira seu lixo?" é recorrente no ativismo das feministas negras, sobretudo da geração jovem que ingressa na universidade e/ou em outros espaços públicos da vida social e começa a interromper a longa

---

[68] No pensamento descolonial, na construção do conceito de colonialidade do poder, de Aníbal Quijano, encontro como opera a distinção entre humano e não humano na modernidade colonial. María Lugones (2014) trabalhará, a partir daí, com as distinções hierárquicas entre homens e mulheres, chamando a atenção para o fato de que há uma dupla hierarquia: a primeira, entre os civilizados (homens e mulheres) e os povos indígenas das Américas e os/as africanos/as escravizados/as. No entanto, interessa observar aqui, seguindo Lugones, que "o homem europeu, burguês, colonial moderno tornou-se um sujeito/agente, apto a decidir, para a vida pública e o governo, um ser de civilização, heterossexual, cristão, um ser de mente e razão. A mulher europeia burguesa não era entendida como seu complemento, mas como alguém que reproduzia raça e capital por meio de sua pureza sexual, sua passividade, e por estar atada ao lar a serviço do homem branco europeu burguês" (LUGONES, 2014, p. 936). Para meu argumento, significa reforçar a percepção de que a mulher branca, a "patroa", não tem direito ao mesmo esquema de esquecimento propiciado ao homem branco.

herança colonial e escravocrata em que bisavós, avós e mães passaram de escravas a empregadas domésticas. Para a jovem militante negra, essa pergunta é a marca de quem pode ou não saber do seu resto. Aqui, lixo é uma figura do abjeto, daquilo que resta de não integrável ao corpo. A abjeção é tema dos primeiros livros de Butler, principalmente *Problemas de gênero* e *Corpos que importam*, um modo de pensar que são tornados abjetos os corpos não integráveis, não inteligíveis na vida social. Inspirada na psicanálise de Julia Kristeva (1980), para quem abjeto é o "eu" que não se identifica nem como sujeito nem como objeto, tornando-se repugnante inclusive para si mesmo, Butler pensa o abjeto como marcador dos corpos não reconhecidos nem como matéria (ou objeto) nem como ontologia (ou sujeito), reforçando assim seu lugar de abjeção.

Gostaria de observar que isso que é nomeado de abjeto no início da obra vai sendo renomeado, de tal modo que a categoria de abjeto é substituída pela categoria de inumano, em torno da qual ela desenvolverá uma filosofia crítica das formas como a racionalidade neoliberal expulsa certos corpos do campo da inteligibilidade (e da legitimidade, se quisermos articular com a passagem de Bentouhami aqui mencionada). Eis um bom exemplo de como Butler faz operar a categoria de inumano na sua filosofia política:

> O próprio fato de que posso perguntar quais humanos são reconhecidos como humanos e quais não são significa que existe um campo distinto do humano que permanece irreconhecível, de acordo com as normas dominantes, mas que é obviamente reconhecível dentro do campo epistêmico aberto pelas formas contra-hegemônicas de conhecimento. Por outro lado, essa é uma contradição clara: um grupo de humanos é reconhecido como humano e outro grupo de humanos, que são humanos, não é reconhecido como humano (BUTLER, 2018a, [2015a], p. 43).

A contradição está ligada à violência colonial, cujo fundamento é a separação entre humanos que podem ser humanos e humanos que não podem ser humanos, tal como descrito por Achille Mbembe (2016, p. 131): "No contexto da colonização, figura-se a natureza humana do escravo como uma sombra personificada. De fato, a condição de escravo resulta de uma tripla perda: perda de um 'lar', perda de direitos sobre seu corpo e perda de estatuto político", escreve ele. O aspecto fantasmático dessas três perdas faz com que Mbembe descreva a vida de um escravo como morte em vida, expressão que pode ser articulada com a morte sem cessar, em Butler, ou a existência fantasmática de uma dívida impagável. "Dado que a vida do escravo é como uma 'coisa' possuída por outra pessoa, sua existência é a figura perfeita de uma sombra personificada", argumenta Mbembe (p. 132). Por esse caminho, o filósofo propôs a noção de necropolítica ou de necropoder, explicação para as diversas maneiras de criação de "mundos de morte", conferindo o estatuto de "mortos-vivos" a uma parcela expressiva de população.

Fantasmas, mortos-vivos, sombra personificada, corpos-duplicados, corpos-substitutos, corpos expostos à morte sem cessar: a condição da vida negra objetificada como "coisa", mesmo que já não seja mais o escravo possuído por outra pessoa, é análoga a de um objeto pelo qual se paga, produzindo aí a "dívida impagável" a que já me referi. Na especificidade da relação entre a mulher-dona-de-casa-branca e a mulher-negra-empregada-doméstica, a dívida impagável cobra seu preço dos dois corpos. Uma mulher não pode objetificar a outra sem sentir pesar sobre si a infelicidade de se tornar, ela também, um objeto, fazendo com que ela reflita em si o lugar objetal/abjetal que projeta na outra mulher.

Como se observa na referência a Federici, uma das especificidades do trabalho doméstico é ser um trabalho de "reprodução da vida", ou seja, de manutenção de corpos aptos ao trabalho. Desse modo, é possível propor ainda que há mais um componente de alienação de si na relação entre patroa e empregada: o fato de que o trabalho doméstico não transforma nem domina o mundo natural, fazendo com que, seja como dona de casa, seja como empregada doméstica, nenhuma das mulheres implicadas nesse esquema de substituição de corpos que desenvolvi até aqui obtenha para si valor do trabalho que realiza.

Por fim, ouso dizer que a concepção de trabalho em Hegel, e sobre a qual Butler reflete, estaria diretamente relacionada ao projeto colonizador, em que o desejo deve, em última instância, expressar-se pela "transformação do mundo natural em reflexos da atividade humana" (BUTLER, 1999b, p. 57). É no desenrolar da contradição – que se dá na relação de uma consciência que deseja, mas que não trabalha, com uma consciência que trabalha, mas não pode se ver nos frutos desse trabalho, tampouco gozar deles – que irão se desenvolver as consciências arroladas no processo desenhado por Hegel no capítulo IV da *Fenomenologia*. Esse desenrolar e suas peripécias,[69] a partir da leitura inaugurada por Kojève, constituem o motor da História, da qual mulheres estariam excluídas.

Está aqui um dos traços da proximidade entre Butler e Kojève na leitura de Hegel, em quem Kojève buscou "uma teoria mais fundamental de ação, trabalho e progresso histórico do que havia encontrado em Marx" (BUTLER, 1999b, p. 63). Progresso histórico entendido como fundamentação da empresa colonial europeia em direção à dominação e

---

[69] Para Butler, na leitura de Kojève, a *Fenomenologia* terminaria nesse ponto, a partir do qual não haveria mais superação, surgindo então uma nova possibilidade: a das reviravoltas. O escravo pode "inverter" a situação e torna-se senhor daquele que antes o escravizava.

à escravidão, cujo projeto foi fazer com que o desejo do senhor se realizasse através do trabalho do escravo sobre as coisas naturais, refletindo "em seu próprio 'eu' sua brutal capacidade de transformar o mundo" (p. 56). Às mulheres restaria a lida cotidiana com o trabalho alienado, donde sua exclusão do âmbito da cultura, do simbólico e, sobretudo, do campo do desejo. Esse processo tem exigido, como procurei apontar aqui, a permanente produção de corpos bestializados e confinados ao campo das coisas naturais, vidas brutalmente postas a serviço não da mera transformação do mundo, mas de sua dominação. Dominação essa que, por sua vez, tem como objetivo garantir que (só) o senhor possa gozar dos frutos do trabalho realizado pelo corpo do escravo.

# Ser e devir: Butler leitora de Beauvoir[70]

Começo retomando Simone de Beauvoir no original a fim de partir de uma quase homofonia entre duas frases: *"On ne naît pas femme, on devient"* e *"On n'est pas femme, on devient"*. Em português, perco o recurso sonoro quando traduzo assim: "Não se nasce mulher, se devém" e "Não se é mulher, se devém". Entre perdas e ganhos, tenho também a oportunidade de operar uma substituição do verbo "tornar", já estabelecido na tradução dessa sentença, para o verbo "devir", aproximando meu vocabulário do argumento que quero desenvolver: em Simone de Beauvoir, a mulher já está deslocada do ser para o devir, consequência das aberturas proporcionadas pelo pensamento existencialista

---

[70] Originalmente publicado nos *Cadernos Pagu*, Campinas, n. 56, 2019. Agradeço ao professor André Yazbek, da Universidade Federal Fluminense (UFF), e à professora Thana Mara de Souza, da Universidade Federal do Espírito Santo (UFES), a oportunidade de interlocução na mesa Aspectos da Crítica Política Feminista, por ocasião do II Seminário do Programa de Pós-Graduação em Filosofia da UFF (PPGFIL-UFF), em abril de 2019. Agradeço ainda a Nathan Menezes, pelos debates a respeito da filosofia de Beauvoir por ocasião da orientação de sua tese de doutorado *A ontologia ambígua da subjetividade e suas implicações éticas em Simone de Beauvoir* (PPGF – IFSC-UFRJ, 2020).

francês, do qual ela é uma das expoentes. Poderia dizer, por exemplo, que "não se nasce mulher, se devém mulher" é uma hipótese de tradução feminista de "a existência precede a essência", síntese do existencialismo francês dos anos 1940-1950. Esse movimento de devir-mulher supõe desontologizar a existência (*on ne naît/on n'est pas femme*) para lançá-la numa experiência de "liberdade situada", tema tão caro à obra de Beauvoir.

Na minha perspectiva, a passagem do ser para o devir que se dá em Beauvoir é radicalizada em Butler, de modo que a frase, se reescrita por ela, ficaria "*On naît/n'est pas, on devient en différance*", ou "Não se nasce/não se é, se devém em diferenciação". A possibilidade da retirada da palavra "mulher" seria a radicalidade já presente no pensamento de Beauvoir, mas não percebida por ela: "Aparentemente, a teoria de Beauvoir trazia consequências radicais que ela própria não antecipou" (BUTLER, 2003, [1990], p. 163, tradução modificada). O acréscimo da noção de *différance* é uma proposição que faço a fim de acentuar o movimento permanente que já está no uso do verbo "devir", mas aqui se radicaliza.

Arrisco-me mesmo a dizer que parte dos problemas criados[71] em *Problemas de gênero* não teria sido possível sem as aberturas proporcionadas pela filosofia de Beauvoir, embora não apenas. Em um primeiro momento, Butler se vale de Beauvoir para radicalizar a desontologização do sujeito que já se anunciava na filósofa francesa. É o que me permite dizer que o devir-mulher é insuficiente, porque será preciso interrogar que essência ou substância poderia oferecer a garantia de que um corpo nascido fêmea venha a devir mulher. Não se nasce um corpo, se devém um corpo; não se

---

[71] Sobre a noção, em Butler, de "criar problemas", ver, neste volume, p. 28.

é um corpo, se devém um corpo, e esse devir se dá a partir de todos os marcadores que lhe são inscritos e lançados na temporalidade. Para propor o deslocamento do ser para o devir em Beauvoir e em Butler, este capítulo percorre, ainda que de forma breve, o problema do sujeito nas duas autoras, ambas leitoras do hegelianismo francês do século XX, para, em seguida, discutir o uso do conceito de gênero por Butler e o problema de sua atribuição à filosofia de Beauvoir. Por fim, proponho o gênero como mais um dos marcadores corporais que introduzem a interseccionalidade na obra de Butler *ao mesmo tempo ampliando e rebaixando o conceito de gênero*, de modo a torná-lo apenas mais um dos marcadores que separam as vidas vivíveis das vidas matáveis. Essa mudança complexifica as reivindicações dos movimentos feministas, e também as amplia.

## Sujeito

Até que Alexandre Koyré publicasse, em 1931, "Hegel em Iena" na *Revue d'Histoire de la Philosophie*, os estudos sobre Hegel na filosofia francesa praticamente não existiam, à exceção da publicação, quase desapercebida, em 1929, de *Le Malheur de la conscience dans la philosophie de Hegel*, de Jean Wahl. Na década de 1940, foram os cursos de Alexandre Kojève e, na sequência, os de seu aluno, Jean Hyppolite, os grandes marcos na leitura francesa de Hegel, com a publicação de *Introduction à la lecture de Hegel* (1947), do primeiro, e de *Genèse et structure de la Phénoménologie de l'Esprit de Hegel* (1946), do segundo.[72]

---

[72] Hyppolite foi orientador da tese de doutorado de Derrida sobre a fenomenologia de Husserl, daí a minha referência inicial ao termo "*différance*". Observo a influência de quatro Hs na formação filosófica

É nesse ambiente que a filosofia de Simone de Beauvoir se desenvolve, em diálogo tanto com o existencialismo quanto com pensadores críticos das filosofias do sujeito. Desde a introdução de *O segundo sexo* (1949), Beauvoir está preocupada com a atribuição da mulher como figura de alteridade, como o Outro do homem: "A mulher determina-se e diferencia-se em relação ao homem, e não este em relação a ela; a fêmea é o inessencial perante o essencial. O homem é o Sujeito, o Absoluto; ela é o Outro" (BEAUVOIR, 2009, p. 17). Nesse ponto, a autora se refere a uma passagem em que o filósofo Emmanuel Lévinas (1947 [2005]) está propondo pensar a diferença sexual como uma dualidade de dois termos complementares. Beauvoir identifica aí uma visão androcêntrica e um privilégio do masculino em determinar a mulher como Outro, mantendo assim o feminino em posição secundária. Tatsuro Uchida (2001), comentador da obra de Emmanuel Lévinas, argumenta que *O segundo sexo* teria sido escrito em grande parte para refutar as ideias de Lévinas acerca do feminino, entendido, pelo filósofo de tradição judaica, como complementar ao masculino e, portanto, necessariamente diferente. Ainda segundo Uchida, as proposições de Lévinas acerca do feminino como acolhimento, desenvolvidas em *Totalidade e infinito*, sua obra principal (LÉVINAS, 1961), seriam não apenas uma resposta às críticas de Beauvoir, mas sobretudo um posicionamento em relação à reivindicação de igualdade

---

de Derrida: Husserl, sobre quem realizou pesquisa de mestrado e doutorado; Heidegger, de quem herdou a leitura de Hegel, as críticas a Husserl e questões como a destruição da metafísica – por Derrida transformada em desconstrução da metafísica – e o problema da diferença ôntico-ontológica – por Derrida desdobrada na noção de *différance*; Hegel, autor fundamental no desenvolvimento da noção de *différance*; e Hyppolite, autor importante na história da recepção francesa de Hegel.

entre homens e mulheres. Para Lévinas, pensar a diferença era, naquele momento, um gesto ético-político mais importante do que pensar a igualdade, que, na sua interpretação, havia fracassado (RODRIGUES, 2011a, 2011b).

A questão da mulher como figura da alteridade reaparece no momento em que Beauvoir dialoga com Hegel, especificamente com a dialética entre o senhor e o escravo, aquele ponto-chave da *Fenomenologia do Espírito* (2011) em que a consciência se torna consciência de si a partir de uma interdependência entre o eu e o outro. A passagem foi interpretada por Beauvoir como mais um movimento de atribuir à mulher o lugar de dependente, presa à vida animal, incapaz de ascender ao campo da cultura. Ela parte do argumento de que, na dialética entre o senhor e o escravo, o Sujeito é o Absoluto, e o Outro é o imanente, o que significaria, para ela, a manutenção da ideia de que o homem é o sujeito e a mulher é o outro, aquela que se constitui numa identidade de oprimida ou secundária. As mulheres não seriam, julga a autora, capazes de se identificar como origem da alteridade nem de obter reconhecimento sem se constituírem, elas também, como *sujeitas*. Destinada ao lugar de "outro", a mulher não poderia, ainda seguindo o argumento de Beauvoir, caminhar pelo roteiro hegeliano a fim de reivindicar reconhecimento.

Nessa crítica, Beauvoir entra para a história da filosofia como a primeira pensadora a indicar não haver roteiro para contemplar a constituição da mulher como *sujeita*, já que mesmo os filósofos que formularam um conceito de sujeito a partir de sua relação com a alteridade ofereciam apenas duas possibilidades: as mulheres estavam impedidas de se tornar sujeitos; as mulheres deveriam seguir o único roteiro disponível, aquele que formava sujeitos homens e as confinava como o outro do homem, relegando a mulher ao lugar de "segundo sexo", que dá título ao livro. A experiência de liberdade pensada no âmbito do existencialismo só estaria, portanto, acessível ao homem.

Com o meu recurso inicial à homofonia, consigo pensar que Beauvoir estaria enfrentando dois problemas inseparáveis: não se nasce mulher, porque a mulher é forjada pela cultura; não se é mulher, porque, se não há uma essência para o humano, também não pode haver uma essência para a mulher. Será preciso, portanto, clamar pelo direito à existência no sentido que o existencialismo dá ao termo. Entendo que é por isso que parte do debate de Beauvoir com Hegel diz respeito à distinção entre atividade e função e ao par imanência/transcendência. Parir, amamentar e cuidar seriam funções naturais nas quais, argumenta Beauvoir, a mulher não teria motivos para afirmar sua existência, mas apenas para suportar passivamente seu destino biológico. A filósofa diferencia o poder do homem em alimentar do destino da mulher de amamentar. Enquanto o homem alimenta como atividade, transcendendo a sua condição animal, a mulher ficaria restrita à mera função natural. Com isso, argumenta ela, não é a vida natural que tem para a humanidade um valor supremo, mas a vida que serve a fins mais importantes do que ela própria. "A desgraça da mulher consiste em ter sido biologicamente votada a repetir a vida, quando a seus próprios olhos a vida não apresenta em si suas razões de ser e essas razões não são mais importantes do que a própria vida" (BEAUVOIR, 2009, p. 103). Dito de outro modo, não é a natureza, mas a cultura que faz com que a vida tenha valor, e, mais, também não é a natureza a origem da vida que tem valor. Nos termos postos por Beauvoir, a pura vida natural – atribuída às mulheres, por isso Butler dirá que só a mulher tem um corpo – é *foracluída* como origem da vida cultural com valor.

O mesmo Hegel francês foi objeto da tese de doutorado da filósofa Judith Butler, que se dedicou a pesquisar, na recepção francesa do filósofo alemão – como já mencionado neste volume, no capítulo "O corpo infeliz" –, a relação entre desejo e reconhecimento a partir da seguinte pergunta: a que se deve que a constituição do sujeito suponha uma relação radical e constitutiva com a alteridade? (BUTLER, 1999b, p. xiv). Vale lembrar que Butler está engajada nas mesmas leituras da *Fenomenologia do Espírito* que veem o sujeito em permanente processo de expropriação; sujeito cuja constituição é marcada pelo risco de se perder de si mesmo, em deslocamentos para os quais não há momento definitivo de restauração e que aqui estou provocativamente chamando de *différance*, trazendo à tona uma relação entre Hegel e Derrida que este insistiu em mitigar.[73]

Valendo-se de uma leitura que eu poderia chamar de "desconstrucionista" do livro de Beauvoir, Butler traz perturbações novas para o processo de "desontologização da existência", repensando o sujeito e a sua relação com a alteridade e, em grande medida, concordando com a filósofa francesa. Na leitura de Butler,

> em Beauvoir, o "sujeito", na analítica existencial da misoginia, é sempre já masculino, fundido com o universal, diferenciando-se de um "Outro" feminino que está fora das normas universalizantes que constituem a condição de pessoa, inexoravelmente "particular", corporificado e condenado à imanência. Embora veja-se frequentemente em Beauvoir uma defensora do direito de as mulheres se tornarem de fato sujeitos existenciais, e portanto, de serem incluídas nos termos de uma universalidade abstrata, sua posição também implica uma crítica fundamental à própria descorporificação do sujeito epistemológico masculino abstrato (BUTLER, 2003, [1990], p. 31).

---

[73] O Hegel "mitigado" na filosofia de Derrida é uma expressão que tomo emprestada da interlocução com Vladimir Safatle (2014).

Butler quer chamar a atenção para o problema de que o sujeito universal abstrato nega sua marcação corporal e projeta essa corporificação – renegada e desacreditada, para citar os termos da autora – na esfera feminina. Só a mulher tem um corpo, e este funciona como fundamento para restrições, enquanto o corpo masculino torna-se o "instrumento incorpóreo de uma liberdade ostensivamente radical" (BUTLER, 2003, [1990], p. 31).

Gostaria de retomar argumentos que mobilizei nas minhas pesquisas de mestrado e doutorado, quando confrontei a crítica ao sujeito em Butler com a crítica ao sujeito na filosofia de Jacques Derrida (RODRIGUES, 2008, 2011b). O debate que estabeleci então dizia respeito à compreensão de identidade como *ipseidade*, como "eu" idêntico a si mesmo, fechado à alteridade, questão que mobilizava autores críticos à centralidade do conceito de sujeito e à importância decisiva do tema para a teoria feminista vir a se confrontar com uma suposta neutralidade do sujeito. Grande parte da minha pesquisa inicial se deu na investigação da ironia contida nesta afirmação: "Há o refrão de que, justamente agora, quando as mulheres começam a assumir o lugar de sujeitos, as posições pós-modernas chegam para anunciar que o sujeito está morto" (BUTLER, 1998, p. 23).

Se para Beauvoir era fundamental que as mulheres também pudessem ter existência – sem o que não haveria o prometido exercício de liberdade do existencialismo –, para Butler tornaram-se políticos os próprios termos em que a existência do sujeito era afirmada. Beauvoir escreve em um contexto em que a filosofia ainda sustentava um modelo de sujeito universal abstrato sob o qual subjaz a sobreposição entre neutralidade e masculino. Cinquenta anos depois, Butler já escrevia em um contexto em que o conceito de sujeito havia sido posto em xeque por tudo que carregava de excludente. No campo da crítica ao sujeito ontológico e sua necessária relação com a teoria feminista, recorro a uma passagem de uma entrevista em que Derrida está discutindo a quem serve o conceito de sujeito:

> A autoridade e a autonomia (pois mesmo que esta se submeta à lei, este assujeitamento é liberdade) são, por este esquema, antes concedidas ao homem (homo e vir) do que à mulher, e antes à mulher do que ao animal. E, é claro, ao adulto antes do que à criança. A força viril do macho adulto, pai, marido ou filho (o cânone da amizade, demonstrei-o noutro lugar, privilegia o esquema fraternal) pertence ao esquema que domina o conceito de sujeito (DERRIDA, 2018a, p. 178-179).

No meu argumento, o caminho de Butler – a crítica radical à necessidade de a política feminista se fundamentar numa base única e permanente, que só funcionaria dentro da ideia de identidade – é defender a hipótese de que o sujeito do feminismo não desaparece, mas passa a ser entendido como imprevisível, indeterminado e ambíguo, para acrescentar um termo do vocabulário de Beauvoir que caberia muito bem aqui (BUTLER, 1998, p. 23). "A desconstrução da identidade não é a desconstrução da política; ao invés disso, ela estabelece como políticos os próprios termos pelos quais a identidade é articulada" (BUTLER, 2003, [1990], p. 213), escreve ela, para perguntar: se a reivindicação da emancipação não é feita pelo sujeito feminino, a quem emancipar? Entendo que Butler esteja propondo deslocar a política feminista do campo do humanismo – que pressupõe o sujeito como identidade fixa – para interrogar os próprios termos da política, quais sejam, o de criar um pressuposto fixo – o sujeito – para uma realidade instável – os/as sujeitos/as.

## Do gênero à interseccionalidade

Se é verdade que no debate sobre a relação entre sujeito e alteridade Beauvoir e Butler compartilham referências em comum, também é verdade que, quando se vale de Beauvoir para ir além do que a própria autora francesa havia formulado, Butler faz uma ultrapassagem rápida demais do sujeito ao gênero. Como tão bem observa María Luisa Femenías (2012), a pensadora estadunidense recorre à formulação "*On ne naît pas femme, on devient*" para, logo em seguida, operar uma desconstrução do par sexo/gênero, sem considerar que o conceito de gênero não consta na obra da filósofa francesa, até por ser posterior. Mas é igualmente verdade que, ainda que *a posteriori*, as teorias feministas vieram a associar a Beauvoir uma das origens do conceito de gênero como construção social, marcador da assimetria das relações entre homens e mulheres.[74] Na minha leitura, entre os inúmeros interlocutores que Beauvoir confronta em *O segundo sexo*, está a concepção moderna que o filósofo Jean-Jacques Rousseau atribui à diferença sexual, alocando os homens como sujeitos de direitos na vida pública e as mulheres como assujeitadas à vida privada, compreendida como sustentáculo para que o homem pudesse exercer sua cidadania e participar do contrato social.

Beauvoir estaria, portanto, demonstrando como foi preciso forjar, ao longo do percurso histórico moderno, educação, cultura e vida social que mantivessem a diferença sexual muito bem delimitada. Nesse sentido, sua contribuição para pensar a passagem da fêmea que nasce, como dado biológico de nascimento, para a mulher que devém "do conjunto da civilização que elabora esse produto intermediário

---

[74] Sobre o conceito de gênero e suas aplicações, ver Heilborn; Rodrigues (2013; 2018).

entre o macho e o castrado que qualificam de feminino" (BEAUVOIR, 2009, p. 361) é fundamental para a elaboração do conceito de gênero. No entanto, Beauvoir não formula o par sexo/gênero contra o qual Butler direciona sua crítica, originada em diferentes caminhos que se entrecruzam. No que diz respeito à filosofia de Butler, uma pista importante a perseguir é a antropologia de Gayle Rubin (2017).

Rubin é uma das principais interlocutoras na crítica ao sistema sexo/gênero, apontada pela antropóloga em confronto tanto com a concepção das estruturas elementares do parentesco em Claude Lévi-Strauss quanto com a proposição freudiana de complexo de Édipo. Quinze anos depois do ensaio de Rubin, Butler acrescenta um novo problema ao par sexo/gênero a fim de indicar que "gêneros inteligíveis", como vimos em capítulos anteriores neste volume,[75] estariam sustentados em relações de coerência e continuidade entre sexo, gênero, prática sexual e desejo. Para isso, no entanto, seria preciso discernir entre elementos biológicos, psíquicos, discursivos e sociais nos quais ela cria problemas. O recurso à inteligibilidade vai reaparecer 10 anos depois em *O clamor de Antígona* (2000 [2014]) e se manter no debate acerca dos elementos distintivos entre as vidas vivíveis e as vidas matáveis. Outra interlocutora importante em *Problemas de gênero* é a pensadora Monique Wittig (1993) – cuja crítica a Beauvoir antecede a de Butler, que a segue bem de perto para chegar ao seguinte ponto: pensar a diferença sexual em termos de heterossexualidade compulsória seria muito mais potente do que pensá-la apenas a partir do conceito de gênero, ainda preso ao binarismo masculino/feminino.

---

[75] Retomo aqui, por julgar central em diversos momentos da trajetória de Butler, passagem de "Breve introdução à autora" (p. 27) e de "Butler para além dos problemas de gênero" (p. 47).

> Para Beauvoir – como para Wittig – a identificação das mulheres com o "sexo" é uma fusão da categoria das mulheres com as características ostensivamente sexualizadas dos seus corpos e, portanto, uma recusa a conceder liberdade e autonomia às mulheres, tal como as pretensamente desfrutadas pelos homens. Assim, a destruição da categoria do sexo representaria a destruição de um atributo, o sexo, o qual, por meio de um gesto misógino de sinédoque, tomou o lugar da pessoa, do cogito autodeterminador. Em outras palavras, só os homens são "pessoas" e não existe outro gênero senão o feminino (BUTLER, 2003, [1990], p. 41-42).

Nesse momento, pela leitura de Wittig, a crítica ao sujeito universal abstrato se funde à percepção da insuficiência do conceito de gênero por seu binarismo, dando a impressão de que a crítica de Butler ao gênero arrastaria de roldão a proposição de Beauvoir. Volto a Femenías (2012, p. 313): "Butler não pretende compreender a posição fenomenológica e existencialista de Beauvoir, não é uma exegeta do pensamento da filósofa francesa. Ao contrário, me parece que ela toma como ponto de partida para desenvolver sua própria teoria e assim fundamentar uma concepção performativa de 'agência' e, em um sentido amplo, de 'política'".

Butler desconstrói o par binário sexo/gênero, mas não para destruí-lo – o que levaria à compreensão de que, se a dualidade sexo/gênero foi fundamental para o movimento do feminismo, sua destruição levaria ao seu abandono. Há uma confusão recorrente entre destruição, desconstrução e crítica. Butler leu Beauvoir não para "renunciar a todas as aberturas proporcionadas" pela pensadora francesa, mas para ir além delas, daí minha compreensão de que *Problemas de gênero* não teria sido escrito sem *O segundo sexo*. Será ainda seguindo Wittig muito de perto que Butler dará o primeiro passo na direção da crítica à identidade de gênero – que, no decorrer do livro, será deslocada para performatividade de gênero – para dizer que há um problema na "conclusão de que uma pessoa *é* um gênero e o *é* em virtude do seu ou da sua sexualidade, de seu sentimento psíquico de 'eu', e das diferentes expressões desse 'eu' psíquico, a mais marcante delas a do desejo sexual" (BUTLER, 2003, [1990], p. 44, tradução modificada). Podemos pensar que seu gesto político histórico é indicar que não há a *verdade do gênero*, assim como Beauvoir havia apontado que não há a *verdade do sexo*.

No debate sobre o sujeito estava posta a necessidade de discutir a identidade como aquilo que define e circunscreve o "eu", aqui a identidade de gênero já é um problema endereçado à política feminista e às limitações de representar "a mulher". Entra em cena outra autora que, no contexto deste capítulo, será de grande ajuda:

> É um problema político que o feminismo concorde que a admissão do termo "mulheres" denota uma identidade em comum. Em vez de um significado estável que comanda a concordância das pessoas a que o termo propõe descrever e representar, mulheres, mesmo no plural, se tornou um termo problemático, um lugar de contestação, um motivo de ansiedade. Como sugere o título do livro de Denise Riley, *Am I that name?* [Eu sou esse nome?],[76] esta é uma questão produzida pelas inúmeras possibilidades desse nome e de suas múltiplas significações. Se alguém "é" uma mulher, certamente isso não é tudo que a pessoa é; o termo fracassa ao tentar

---

[76] Esta também é a pergunta que Desdemona faz a Iago quando Otelo a acusa de ser prostituta, já indicando o aspecto trágico da nomeação por um homem de uma mulher, marcada tanto pelo nome pelo qual é designada quanto pelo seu patronímico, que também é dado pela relação familiar com o homem, seja o pai ou o marido (SPIVAK, 1997).

> ser exaustivo, não porque a pré-generificação de uma "pessoa" transcende a parafernália específica do seu gênero, mas porque gênero não é sempre constituído de forma coerente e consistente em contextos históricos diferentes, e porque gênero faz intersecção com modalidades raciais, classistas, étnicas, sexuais e regionais de identidades discursivamente constituídas. Resulta que se tornou impossível separar a noção de "gênero" das interseções políticas e culturais em que invariavelmente ela é produzida e mantida (BUTLER, 2003, p. 20, tradução modificada).

O trecho citado é muito rico tanto para pensar a necessidade de rever os objetivos da política feminista, não mais a ser feita em defesa de uma "identidade de gênero", quanto para indicar o momento de passagem do gênero à interseccionalidade. Butler está dialogando com Denise Riley (1988), que, por sua vez, está recuperando a famosa interrogação da abolicionista negra Sojourner Truth (1851): "*Eu não sou mulher?*". A pergunta vinha acompanhada do problema de as mulheres negras, associadas ao trabalho braçal da escravidão, não poderem se identificar como frágeis e, portanto, não serem reconhecidas como mulheres. Riley começa seu livro deslocando a pergunta de Truth para "Eu não sou uma identidade flutuante?", com a qual Butler se alinha quando argumenta que a recusa da identidade "mulheres" seria necessária para o feminismo. Uma das questões em debate na teoria feminista nos anos 1980 era o deslocamento do conceito de *mulher* – que, no singular, parecia por demais restritivo – para *mulheres*, que, no plural, poderia tentar abarcar diferenças irredutíveis: brancas e negras, ocidentais e orientais, ricas e pobres, heterossexuais e lésbicas, apenas para ficar com os exemplos mais óbvios. Riley e Butler chegam a essa conversa com o argumento de que apenas substituir "mulher" por "mulheres" não era suficiente, num exercício difícil de romper com a categoria e, ao mesmo tempo, manter a luta feminista, como se pode ler em Riley:

> "Mulheres" é uma coletividade volátil, na qual as pessoas do sexo feminino podem ser posicionadas de formas muito diferentes, a aparente continuidade do sujeito "mulheres" não é estável; "mulheres", como coletividade, é sincrônica e diacronicamente errático, enquanto, para o indivíduo, "ser mulher" é também inconstante e não tem base ontológica de sustentação. Ainda assim, deve-se enfatizar que essas instabilidades da categoria são *sine qua non* para o feminismo, que, de outra forma, perderia seu objeto, seria despojado de sua luta e, em suma, não teria muita vida (RILEY, 1988, p. 2).

O argumento de Butler é muito próximo a esse, no mesmo exercício difícil de conciliar: a crítica ao gênero como construção social, o problema de fazer política feminista supondo uma estabilidade da categoria "mulheres" sem se desfazer do feminismo como bandeira (RILEY, 1988, p. 3).[77] Ao radicalizar o devir tal qual pensado por Beauvoir, Butler empresta aos sujeitos marcações pela interseccionalidade entre gênero, raça, classe, religião, local de nascimento, lugar de moradia, idade, escolha de objeto sexual, coerência corporal, escolaridade etc. Ser é devir na materialidade de um corpo em constante processo de marcação. Há aqui a indicação de que os problemas de

---

[77] Há outras proximidades entre Riley e Butler, entre as quais gostaria de destacar: "O que estou sugerindo aqui é que a volatilidade da categoria 'mulher' é tão marcante que torna as alianças feministas tão difíceis quanto inescapáveis" (RILEY, 1988, p. 4). Não foi outra coisa que Butler propôs ao argumentar a favor de alianças contingentes, como nos debates feministas dos quais me ocupo, neste volume, no capítulo "Os feminismos e suas sujeitas". Com isso, Butler abre o feminismo e, sobretudo, o debate sobre gênero para além da política identitária.

gênero se articulam e permanecem ligados ao modo como Butler explicitará o funcionamento dessas marcações para separar as vidas que têm valor das que não têm.

## Perturbações

A mim parece necessário concluir com uma reflexão que atualize o debate travado por Butler com Beauvoir nos anos 1990 e, mais, atualize as questões aqui apontadas. A obra de Simone de Beauvoir é vasta, não começa nem termina nessa frase tão marcante para a história da teoria feminista. A obra de Judith Butler, a esta altura, também é vasta e tampouco se limita a *Problemas de gênero*, tendo tido desdobramentos fundamentais para o feminismo contemporâneo. Considero um equívoco produzir disputas entre as duas, sobretudo por estar convencida de que o modo como Butler lê Beauvoir pode nos ensinar algumas coisas sobre métodos de leitura que sejam capazes de ultrapassar o comentário e, mais ainda, funcionar como chave de inteligibilidade para enfrentar questões políticas e epistemológicas. Se afirmo que foi esse o gesto primordial da leitura de Butler, é por acreditar que em nada o gesto desmerece a obra de Beauvoir, ao contrário, encontra ali mesmo uma potência que ainda não havia se manifestado.

Se é assim, então talvez eu possa dizer que a atualidade do debate entre Butler e Beauvoir está em localizar naquilo que se produziu há 30 anos mais uma chave de inteligibilidade para problemas de gênero na contemporaneidade. A frase de Beauvoir, se reescrita por Butler, poderia ser *"On naît/n'est pas, on devient"*, ou "Não se nasce, não se é, se devém em *différance*". Temos então de nos confrontar com pelo menos dois problemas: 1) não há base natural para o humano, tensionado entre determinismo e liberdade; 2) o devir é um processo permanente que constitui o humano como inacabado, aberto, perturbado, agitado, inconstante, tremido (Butler, 1990 [2003]).[78] Ora, o que pode haver de tão ameaçador em nos descobrirmos menos estáveis? Ainda que essa liberdade seja limitada, porque sempre é, a parcela de liberdade que nos é possível é um pouco maior do que o caminho único do determinismo essencialista. Do meu ponto de vista, o que há de mais ameaçador na homofonia que proponho aqui é o que nos lança na contaminação entre natureza e cultura que a modernidade acreditou ter delimitado, na perturbação entre humano e inumano que a história da filosofia tem tentado evitar desde sempre.[79]

Ao retornar a Simone de Beauvoir, encontro as mulheres como aquelas restritas ao campo da imanência, da vida natural, sem reconhecimento como sujeito e, portanto, sem roteiro de existência possível, sem poder adentrar o campo do humano, este restrito ao homem. Se eu retornar ao modo como Butler lê essa perspectiva de Beauvoir, vou encontrar a hipótese de que não é apenas o gênero que produz essa exclusão da existência identificada pela filósofa francesa, e que, como vimos no capítulo anterior, a todo corpo pode ser interditado o campo do humano:

> O próprio fato de que posso perguntar quais humanos são reconhecidos como humanos e quais não são significa

---

[78] A palavra *"trouble"* vem do francês arcaico *"truble"*, que pode significar também estado de agitação, perturbação, o que está dentro dos objetivos do livro de Butler, *Gender Trouble (Problemas de gênero)*.

[79] Como se lê em *O circuito dos afetos* (SAFATLE, 2016, p. 196): "[...] estamos tão presos à procura de reconhecimento por outros sujeitos, precisamos tanto do assentimento fornecido por eles, que esquecemos como, muitas vezes, o que nos reconforta, o que nos diz realmente que estamos em casa, é ser reconhecido por um animal, é ser reconhecido por algo que, afinal, não é uma consciência de si. Os animais percebem os animais que ainda somos, eles nos lembram de um 'aquém' da individualidade a respeito da qual nunca conseguimos nos afastar totalmente".

que existe um campo distinto do humano que permanece irreconhecível, de acordo com as normas dominantes, mas que é obviamente reconhecível dentro do campo epistêmico aberto pelas formas contra-hegemônicas de conhecimento. Por outro lado, esta é uma contradição clara: um grupo de humanos é reconhecido como humano e outro grupo de humanos, que são humanos, não é reconhecido como humano (Butler, 2018a, [2015a] p. 43).

A distinção entre humano e não humano como marcador de reconhecimento, um dos temas centrais da obra de Butler que motivam este livro, é operada pela autora a partir da perspectiva de quem tem e quem não tem direito ao luto, marcador que distingue as vidas que contam como vidas e as que não contam. Na minha abordagem, é preciso pensar, tanto no contexto brasileiro quanto naquele global de expansão das forças de extrema-direita de cunho político e religioso, que todo corpo marcado pelo elemento feminino torna-se um corpo matável, o que tenho chamado de feminicídio estrutural – análogo ao racismo estrutural identificado por Michel Foucault (1999, p. 306). No que estou chamando, ainda como hipótese, de feminicídio estrutural, haveria uma negação absoluta da feminilidade, do feminino e da mulher. Se a crítica ao machismo na vida social se impulsionou a partir das possibilidades que o par sexo/gênero forneceu como chave de inteligibilidade para as formas de hierarquia entre homens e mulheres na sociedade, na cultura e nas relações sociais, pensamentos que, como o de Butler a partir de Beauvoir, permitem-nos ir além do par sexo/gênero como fundamento das discriminações podem proporcionar pensar que há algo a mais: o desejo, movido por aversão, horror, abjeção, de eliminação de todo corpo marcado pelo feminino. O que estou chamando de feminicídio estrutural estaria presente em todo o aparato institucional, econômico e jurídico que ordena a vida social não apenas para subjugar as mulheres como "gênero", mas também para eliminar o feminino e a feminilidade como marcas dos corpos sexuados, confirmando a centralidade da crítica à heteronormatividade na filosofia de Butler. Assim, se a partir de Beauvoir foi possível às mulheres obter reconhecimento como sujeitos, ainda há algo que nos secundariza quando o fundamento natural do feminino entra em perturbação. Abalar esse fundamento natural é expor a arbitrariedade da violência contra certas formas de vida em detrimento de outras, é denunciar que o poder se exerce em nome do necropoder. Por fim, o feminicídio estrutural poderia estar ligado à necessidade de *foraclusão*, marca do humano, um feminino cuja perturbação parece precisar ser aniquilada em nome da sustentação de uma razão masculina branca, europeia, colonizadora, heteronormativa, impotente e, por isso mesmo, cada vez mais violenta.

# Os feminismos e suas sujeitas[80]

A motivação deste capítulo é a retomada de um tema caro à filosofia: o sujeito, categoria moderna que passa pelo século XX sendo descentrado, abalado, reinscrito, reescrito, clivado, mas cuja razão, desejo e lugar ainda constituem o eixo do debate político contemporâneo. Se, como argumenta Gérard Wajcman, o século XX é o dos objetos, e o objeto que melhor representa o século XX é a ruína,[81] a compreensão do sujeito como parte das ruínas do século passado inspirou minha intenção de retornar ao sujeito a fim de recuperar um debate muito específico, travado nos anos 1990 entre pensadoras feministas nos Estados Unidos. A recente tradução brasileira de *Debates feministas:*

---

[80] Originalmente, "O feminismo e seus sujeitos", publicado em *Princípios: Revista de Filosofia*, Natal, v. 27, n. 52, p. 43-65, 31 jan. 2020, em coautoria com Ana Emília Lobato, a quem agradeço as contribuições ao artigo, que foi alterado para constar como capítulo deste livro.

[81] "A ruína é um objeto bem formado, conforme à compreensão comum que se tem do objeto, que ocupa um lugar no espaço, pode ser produzido, ser acessível aos sentidos, ainda que, na prática, este se apresente como ligeiramente desestruturado" (WAJCMAN, 2012, p. 57).

*um intercâmbio filosófico*[82] – livro em que Seyla Benhabib, Judith Butler, Nancy Fraser e Drucilla Cornell divergem sobre limites e possibilidades de aliança entre feminismo, pós-estruturalismo e teoria crítica – é o meu pretexto para voltar à questão do sujeito como ponto central da política contemporânea, seus limites, suas tensões e suas possibilidades. Embora o livro apresente um debate ocorrido no início dos anos 1990, encontro atualidade numa das principais conclusões de Nancy Fraser: a de que o feminismo se beneficiaria de uma aliança entre pós-estruturalismo e teoria crítica. Concordando com ela, gostaria de retornar a esse ponto específico da divergência entre Butler e Benhabib, a questão do sujeito, a fim de não apenas reafirmar a importância da aliança proposta por Fraser, mas também localizá-la no atual e necessário enfrentamento da racionalidade neoliberal e suas consequências, como veremos na última parte deste capítulo.

Os "debates feministas" que compõem o volume foram promovidos em um simpósio organizado pelo Greater Philadelphia Philosophy Consortium. Corriam os anos 1990, e o então chamado "pós-modernismo" – denominação vaga e imprecisa que reproduzo apenas porque aparece no ensaio de Benhabib – acenava o encerramento de horizontes que se desenhava com o chamado fim da história. Tratava-se do que a autora em questão chama de "luta contra as grandes narrativas do Iluminismo ocidental e da modernidade" (BENHABIB, 2018, p. 35), retomando, não sem um grau de ironia, os termos com que Jean-François Lyotard havia definido a condição pós-moderna (LYOTARD, 2000). Hoje,

---

[82] BENHABIB, Seyla; BUTLER, Judith; FRASER, Nancy; CORNELL, Drucilla. *Feminist Contentions: A Philosophical Exchange*. Londres: Routledge, 1994 [ed. bras.: *Debates feministas: um intercâmbio filosófico*. Tradução de Fernanda Veríssimo. São Paulo: Editora Unesp, 2018].

é mais ou menos fácil perceber que, diante do fim do horizonte de expectativas, havia um novo tempo do mundo em que olhar para trás parecia ser a chance de rever e, por que não, refazer certos percursos que haviam consolidado um conjunto de formas de opressão a serem desmontadas.

O fim das grandes narrativas apontaria, seguindo muito de perto o argumento de Benhabib, para a morte do homem, da história e da metafísica. O artigo de Benhabib, "Feminismo e pós-modernismo: uma aliança complicada", apresenta uma série de objeções acerca do que ela chama de "morte do sujeito", todas bastante compatíveis com um conjunto de contestações – à esquerda ou à direita – em voga no que podemos chamar de "apelo de retorno ao sujeito".[83] O tema levou Jean-Luc Nancy a organizar, em 1988, um conjunto de conversas movidas pela pergunta "Quem vem depois do sujeito?", respondida por uma série de autores, e publicadas primeiramente na França e depois nos Estados Unidos.[84] Em sua resposta, Derrida rejeita com veemência o que considera ser a premissa da formulação, a de que o sujeito está morto[85]:

---

[83] A esse respeito, refiro a Duque-Estrada (2005) e ainda ao livro *Penser le sujet aujourd'hui* (GUIBERT-SLEDZIEWSKI; VIEILLARD-BARON, 1988), resultado de um colóquio realizado em Cerisy-la-Salle,em julho de 1986, onde o debate sobre o sujeito foi movido pela ideia de reconstrução do conceito de sujeito.

[84] Alain Badiou, Didier Franck, Emmanuel Levinas, Étienne Balibar, Gérard Granel, Gilles Deleuze, Jacques Derrida, Jacques Rancière, Jean-François Courtine, Jean-François Lyotard, Jean-Luc Marion, Luce Irigaray, Maurice Blanchot, Michel Henry, Mikkel Borch-Jacobsen, Philippe Lacoue-Labarthe, Sarah Kofman, Sylviane Agacinski, Vincent Descombes. As respostas foram reunidas na França no volume 20 do *Cahiers Confrontation*, em 1989, e traduzidas numa edição nos Estados Unidos organizada por Eduardo Cadava, Peter Connor e Jean-Luc Nancy (1991).

[85] A suposição de morte do sujeito é um dos temas centrais no meu percurso filosófico. Ver Rodrigues (2011b; 2013a; 2013b; 2020c).

Se ao longo dos últimos 25 anos, na França, as mais notórias dessas estratégias procederam, com efeito, a uma espécie de explicação acerca da "questão do sujeito", nenhuma delas procurou "liquidar" o que quer que seja (aliás, não sei a qual conceito filosófico pode corresponder essa palavra, que compreendo melhor em outros códigos: finanças, banditismo, terrorismo, criminalidade civil ou política; e, portanto, não se fala de "liquidação" senão na posição da lei e mesmo da polícia). O diagnóstico de "liquidação" denuncia em geral uma ilusão e uma falta, ele acusa: quis-se "liquidar", acreditou-se poder fazê-lo, não deixaremos que o façam. O diagnóstico implica, pois, uma promessa: faremos justiça, salvaremos ou reabilitaremos o sujeito. Palavra de ordem, portanto: retorno ao sujeito, retorno do sujeito (DERRIDA, 2018a, p. 152).

Se trago aqui a resposta de Derrida é menos para me debruçar sobre seus argumentos e mais para aproximá-los de alguns dos termos da resposta de Butler às contestações de Benhabib, cuja recusa à aliança entre pós-modernismo e feminismo passa primeiramente pela afirmação de que, com a morte do sujeito, "desaparecem conceitos de intencionalidade, responsabilidade, autorreflexão e autonomia", um dos argumentos que leva Benhabib a concluir que a morte do sujeito não seria compatível com objetivos feministas de emancipação, agência, autonomia e individualidade (BENHABIB, 2018, p. 41). A recusa ao modo de compreensão do sujeito no pós-estruturalismo produz dois movimentos no artigo de Benhabib: o primeiro, explícito, de recusar o pós-estruturalismo como aliado ao feminismo; o segundo, implícito, o de afirmar que os objetivos do feminismo são emancipação, agência, autonomia e individualidade. É difícil, de fato, discordar de que esses sejam objetivos de uma parcela do feminismo, mas também é difícil concordar que haja estabilidade ou homogeneidade no modo como diferentes teorias e movimentos feministas entendem esses valores, em suas diversidades regionais, culturais, sociais e étnicas. Bastaria pensar, por exemplo, no quanto esses valores modernos estão carregados de etnocentrismo e nos impedem de pensar que talvez não sejam os mais decisivos para mulheres que vivem em comunidades periféricas, nas quais ideias como autonomia e individualidade, por exemplo, podem ser atomizadoras e carregadas do peso de uma responsabilidade individual, incompatível com a vida coletiva.[86]

Acredito que, apesar de sua ligação com o pensamento pós-estruturalista, é também muito em função da argumentação de Benhabib que Butler se vê diante da exigência de responder pela aliança entre feminismo e pós-modernismo em termos que, de fato, já não representavam exatamente a sua posição dentro da teoria feminista. Grande parte das críticas de Benhabib a ela dirigidas tomam como ponto central uma das questões políticas mais instigantes de *Problemas de gênero*, que havia sido publicado em 1990, mesmo ano da realização do simpósio: e se a mulher deixasse de ser o sujeito do feminismo?

Olhar retrospectivamente para a perturbação de gênero causada por Butler me permite, antes de avançar na exposição de sua linha argumentativa, recuperar alguns dos seus desdobramentos. *Problemas de gênero* é uma reunião de textos escritos nos anos que antecedem a queda do Muro de Berlim e que estão sob influência do já mencionado fim das grandes narrativas, mas também dos discursos finalistas que emergiram a partir daí: o fim da história carregaria

---

[86] A questão levaria a uma breve digressão a respeito da compreensão do conceito de colonialidade do poder, de Anibal Quijano (2005), e de seu desdobramento em colonialidade de gênero, em María Lugones (2008), para pensar que no feminismo descolonial o sujeito é generificado e racializado a fim de produzir a relação de exploração capitalista que eliminará as formas sociais comunitárias e de solidariedade que estavam sustentadas em outros modos de divisão do trabalho.

consigo também o fim do movimento feminista, no rastro da percepção de que as mulheres já teriam conquistado toda a emancipação, agência, autonomia e individualidade que poderiam reivindicar. Butler estava se opondo a esse diagnóstico quando dirige sua provocação para os movimentos feministas, o que considero um "verdadeiro momento filosófico", retomando a definição que Patrice Maniglier (2011) havia dado à *Gramatologia* (DERRIDA, 1967 [2013]). Isso porque, desde então, teóricas feministas de diferentes espectros de pensamento e de localizações geográficas distintas precisam retornar a essa questão, repetindo o gesto que Maniglier encontrou no livro de Derrida.[87] Como expus anteriormente,[88] no momento seguinte à publicação de *Problemas de gênero*, Butler se dedica a uma trilogia de títulos que buscaram responder muitas das críticas feitas ao livro, sobretudo ao tema da performatividade de gênero: *Corpos que importam: sobre os limites discursivos do "sexo"* (BUTLER, 1993 [2019a]), *A vida psíquica do poder: teorias da sujeição* (BUTLER, 1997c [2017a]) e *Excitable Speech: A Politics of the Performative* (BUTLER, 1997a), ainda inédito no Brasil. No entanto, acredito também que o gesto de desconstrução do sujeito do feminismo marcou e ainda marca o debate nas teorias e nas lutas feministas.

## Sujeitos interseccionais, sujeitos sexuais

Um aspecto relevante de *Problemas de gênero* foi o que hoje, retrospectivamente, podemos considerar uma adesão de Butler à interseccionalidade, questão que fora, então, recém-posta

---

[87] "Um momento filosófico não seria simplesmente uma época, que se poderia definir por um certo número de teses ou pressupostos; é sempre a abertura de um pensamento que reivindica incessantemente ser reprisado, e só pode ser reprisado ao ser renovado" (MANIGLIER, 2011, p. 372).

[88] Ver, neste volume, no capítulo "Breve introdução à autora", p. 27.

à mesa pela feminista negra Kimberlé W. Crenshaw (1989), que ganhou força e expansão na medida em que interpelou o feminismo liberal branco sobre a centralidade da categoria mulher, cujos cruzamentos com raça, classe e condição colonial estavam sendo gestados pelo menos desde os anos 1980, com os trabalhos de Angela Davis (1981 [2016]), nos Estados Unidos, e Lélia Gonzalez (1988; 2017), no Brasil. Foram, em grande medida, as feministas negras que forçaram a percepção de que não bastava a criação de um sujeito universal feminino, já que este também reproduzia internamente a hierarquia existente na categoria do sujeito universal abstrato, ignorando, alijando e mesmo foracluíndo as mulheres negras. Como vimos no capítulo anterior, Butler percebe e endereça essa questão aos feminismos, quando observa que, em Beauvoir, o sujeito "é sempre já masculino".[89]

A condenação das mulheres a serem sujeitos corporificados e imanentes é ainda mais acentuada na condição da mulher negra. Por isso, considero que um dos movimentos importantes de Butler é em direção ao feminismo interseccional e à sua ampliação, não apenas na necessária discussão sobre raça, mas também na inclusão da sexualidade como marcador interseccional. Para isso, primeiramente ela precisará desestabilizar a mulher – até ali entendida como mulher branca, heterossexual e europeia – como sujeito do feminismo e apontar o problema político de o feminismo tomar como premissa que o termo "mulheres", ainda que no plural, configuraria uma identidade comum.[90]

A instabilidade apontada como motor para pensar a interseccionalidade será retomada no ensaio que apresenta

---

[89] Ver, neste volume, a citação à p. 163.

[90] A este respeito, ver, no capítulo anterior, "Ser e devir: Butler leitora de Beauvoir", à p. 169, a citação de *Problemas de gênero* (BUTLER, 2003, p. 20).

a interlocução com Benhabib. Sob o título "Fundações contingentes: feminismo e a questão do pós-modernismo", Butler faz um movimento que considero muito próximo da mencionada abordagem de Derrida para o problema do sujeito quando argumenta que exigir uma noção de sujeito que não esteja pressuposta não é dispensar a noção de sujeito, mas interrogar qual é o processo de sua construção e, mais, quais são as consequências políticas de aceitar o sujeito como um pressuposto, sem complexificar suas configurações, seus contornos e seus limites (BUTLER, 2018b, p. 63). "Os fundamentos funcionam como o inquestionado e o inquestionável dentro de qualquer teoria" (p. 64), escreve Butler, no que identifico como um modo derridiano de abordar as questões ali discutidas, inclusive o problema do sujeito como fundamento implícito ou mesmo oculto e, por isso mesmo, aquilo que precisa seguir não interrogado para que a teoria permaneça funcionando. Na complexa teia que forma o sujeito, este deixa de estar pressuposto na teoria para estar ali implicado, situado, assujeitado ou localizado, se quisermos falar como Donna Haraway (1988 [1995]).

Nunca é demais lembrar que, desde a sua tese de doutorado, e reiteradamente a seguir, a filósofa mantém uma estreita relação com as questões hegelianas: "Todo o meu trabalho está inscrito em torno de um conjunto de perguntas hegelianas: 'qual é a relação entre desejo e reconhecimento e a que se deve que a constituição do sujeito suponha uma relação radical e constitutiva com a alteridade?'", escreve (BUTLER, 1999b, p. xiv). Vinte anos depois, em entrevista recente, ela tempera essa posição:

> Digamos que Hegel continua presente projetando uma sombra sobre o meu trabalho, se bem que, se tomado isoladamente, ele não constitui um parâmetro suficiente para o que faço atualmente. [...] Suponho que compartilho do pressuposto de que aquilo que somos enquanto sujeitos

> depende fundamentalmente das relações sociais que nos formam e daquelas nas quais estamos engajados [...], não acredito que os termos do reconhecimento estejam separados dos campos da política e da economia. As duas esferas se condicionam mutuamente (BUTLER, 2019c, p. 18).

Observo que é com Foucault que Butler faz o entrelaçamento entre reconhecimento e as condições de possibilidade de ser reconhecido, de modo que a concepção foucaultiana de assujeitamento – aqui entendido como a ambiguidade de um sujeito que se faz sujeito conforme se sujeita às normas do poder – permanece como questão no seu pensamento. Ainda que, como ela diz nessa mesma entrevista, ao comentar a publicação brasileira de *Debates feministas*, a autora tenha se afastado do pós-estruturalismo e se aproximado da teoria crítica, eu gostaria de sustentar que o problema do sujeito permanece como herança, se não do pós-estruturalismo como um todo, como uma certa operação de desconstrução dos pressupostos de autonomia, individualidade, liberdade e agência, para repetir os valores elencados por Benhabib, aos quais outros feminismos foram acrescentando reconhecimento, interdependência, redes de sustentação e sentido de comunidade.

Aqui, seria importante considerar a hipótese de que o movimento de aproximação de Butler com o pós-estruturalismo francês dos anos 1960-1970 se mantém ligado a uma economia de pensamento, a um modo – estou evitando propositalmente a palavra "método" – de fazer filosofia que, se, por um lado, terá a indelével marca hegeliana da dialética, por outro, sustentará também uma forma de crítica social que volta o olhar para aquilo que pretendia permanecer oculto como fundamento dos sistemas filosóficos. Não foi outro seu movimento ao apontar que o conceito de gênero havia permanecido como fundamento implícito de um determinismo cultural e substituído o sexo como fundamento da diferença sexual.[91] Essa possibilidade de ampliar a visão permitiu, primeiramente em *Relatar a si mesmo* (BUTLER, 2005 [2015d]), mas sobretudo em *Quadros de guerra* (BUTLER, 2009 [2015c]), que Butler tenha se dedicado a articular as condições de possibilidade de reconhecimento com o tema da moldura, valendo-se tanto da teoria do enquadramento, do sociólogo Erving Goffman – como já discutido, neste volume, no capítulo "Por uma teoria política do luto" –, quanto da abordagem derridiana para o problema da moldura como aquilo que não pode estar fora do quadro e que, ao ser compreendida como um elemento que participa do quadro, borra distinções dadas como garantidas. Ver a moldura passa a ser, portanto, perceber, por um lado, que é possível modificar o quadro e, por outro, que todo quadro é modificável.

## Alianças contingentes

Volto, então, a *Debates feministas*, passando ao texto de Nancy Fraser, "Falsas antíteses: uma resposta a Seyla

---

[91] Está em funcionamento, em Butler, uma economia de pensamento em relação ao par sexo/gênero que pode ser entendida como análoga ao movimento de leitura que Derrida faz do par significante/significado na linguística estruturalista de Ferdinand de Saussure. Não se trataria, em nenhum dos dois casos, de uma superação dos sistemas sobre os quais ambos se debruçam, mas principalmente da aguda percepção daquilo que restou impensado. Esse movimento marca a abordagem pós-estruturalista, na medida em que propõe olhar para os sistemas de pensamento a partir de suas lacunas. Para aprofundar a investigação sobre a relação entre *Problemas de gênero* e *Gramatologia*, remeto a Rodrigues (2008; 2009). Esse movimento da teoria feminista pode ser localizado ainda na relação que Lugones estabelece com a obra de Quijano: "Quero ressaltar a conexão que existe entre o trabalho das feministas que estou citando aqui ao apresentar o lado obscuro/oculto do sistema de gênero moderno/colonial e o trabalho de Quijano sobre a colonialidade do poder" (LUGONES, 2008, p. 99).

Benhabib e Judith Butler". O artigo de Fraser funciona como uma espécie de moderação entre as posições de Benhabib e de Butler, retomando os argumentos desta última a favor de uma teoria feminista que "preservaria a força emancipatória social-crítica mesmo quando evitasse fundamentos filosóficos" (BUTLER, 2018b, p. 98). Disso resultariam feminismos que pudessem superar, acredita Fraser, e eu a sigo muito de perto, "a falsa antítese entre teoria crítica e pós-estruturalismo". Para ela, se faltava ao texto de Benhabib a oportunidade de aceitar tal superação, também faltava a Butler "integrar considerações crítico-teóricas em sua moldura foucaultiana pós-estruturalista" (FRASER, 2018, p. 109). Ainda que Fraser aceite – com ressalvas – a proposição de Butler sobre a impossibilidade de estabilizar o termo "mulheres", o argumento forte de seu ensaio está na defesa de uma concepção de subjetividade que seja ao mesmo tempo construída e crítica, propondo uma aliança que, passados 30 anos da discussão ali estabelecida, provou-se necessária: "Poderíamos tentar desenvolver novos paradigmas de teoria feminista que integrem as observações da teoria crítica com o pós-estruturalismo. Tais paradigmas engendrariam importantes ganhos intelectuais e políticos e descartariam de vez as falsas antíteses dos nossos debates atuais" (p. 115).

O debate entre Butler e Fraser continuou ao longo da década de 1990. Há uma edição brasileira da troca de artigos entre as duas na *New Left Review*, em 1997, com tradução de Aléxia Bretas e publicação na revista *Ideias* (BUTLER, 2016). Havia uma tensão produtiva na discussão sobre formas de enfrentamento do capitalismo que não fossem "meramente culturais", na expressão crítica de Fraser, e incorporassem marcadores interseccionais além do já clássico tripé gênero/raça/classe, considerando, nas proposições de Butler, o quanto sujeitos marcados por não corresponderem aos padrões heteronormativos experimentam formas de exclusão que se manifestam na vida social e econômica. Estaria aqui, também, o deslocamento de um feminismo feito em função do conceito de gênero e da diferença sexual binária para um feminismo cuja questão central se torna a crítica à heteronormatividade, como propõe Butler.

Quase duas décadas depois, na mesma *New Left Review*, Fraser publica "O feminismo, o capitalismo e a astúcia da história" (FRASER, 2009). O ano era 2009, e a derrocada financeira já havia varrido os mercados internacionais a partir dos Estados Unidos, marcando o que alguns autores vão chamar de "crise do neoliberalismo". Meu argumento é que será no enfrentamento das novas configurações do sujeito na racionalidade neoliberal que tem se dado a superação do que Fraser chamou de "falsas antíteses" a fim de impulsionar as alianças contingentes, nos feminismos, mas não apenas, entre teoria crítica e pós-estruturalismo, a primeira compreendendo a necessidade de pensar como os modos de subjetividade participam das formas de opressão; a segunda admitindo que era indispensável considerar a agudização das condições materiais nas novas configurações do capitalismo, agora já capaz de adotar para si transformações culturais e reivindicações das políticas identitárias, amortecendo, portanto, seus modos de opressão sob a fachada da diversidade cultural. O desejo, que era um elemento desestabilizador, porque a ele não corresponde um objeto que se estabilize nessa relação, será o próximo território a ser conquistado e ocupado.

Da vasta bibliografia sobre as configurações do sujeito neoliberal, quero privilegiar *A nova razão do mundo*, de Pierre Dardot e Christian Laval, no ponto específico em que eles descrevem a construção do sujeito neoliberal, que dependerá da racionalização do desejo. "Trata-se agora de governar um ser cuja subjetividade deve estar inteiramente envolvida na atividade que se exige que ele cumpra. Para isso, deve-se reconhecer nele a parte irredutível do desejo que o constitui" (DARDOT; LAVAL, 2016, p. 327). Nesse ponto, recuamos muito brevemente a um ponto específico da formação filosófica de Butler, sua tese de doutorado, *Subjects of Desire: Hegelian Reflections in Twentieth-Century France*. Ali, Butler retoma o caráter desestabilizador do desejo como "fonte de deslocamento ontológico do sujeito humano". Interessa a ela aquilo que o desejo carrega de ambivalente: "Na medida em que desejamos, desejamos de duas maneiras que se excluem mutuamente; ao desejar algo, nos perdemos; ao desejar nosso 'eu', perdemos o mundo" (BUTLER, 1999b, p. 34). Essa experiência de perda de si produzirá uma turbulência na relação até ali estável entre sexo/gênero/desejo, fazendo com que o desejo seja, assim, um elemento de perturbação, nos sujeitos, da coerência entre sexo, gênero e objeto sexual.

O que lemos em Dardot e Laval, no entanto, é a constatação de que mesmo o desejo, mesmo esse elemento que sustentaria a possibilidade de constituição de sujeitos se confrontarem com a racionalização e a disciplinarização das formas de vida, mesmo o desejo havia sido capturado pela racionalidade neoliberal. "As novas técnicas da 'empresa pessoal' chegam ao cúmulo da alienação ao pretender suprimir qualquer sentimento de alienação: obedecer ao próprio desejo ou ao Outro que fala em voz baixa dentro de nós dá no mesmo" (DARDOT; LAVAL, 2016, p. 327). Se, como pensam Dardot e Laval, os trabalhadores passam a ser responsáveis pela sua eficácia, passam a intensificar seu esforço de realização, que, embora impulsionado pela racionalidade neoliberal, é experimentado "como se essa conduta viesse dele próprio, como se esta lhe fosse comandada de dentro por uma ordem imperiosa de seu próprio desejo, à qual ele não pode resistir" (p. 327). Arriscaríamos mesmo dizer que essa "ordem imperiosa" dependerá da estabilização do desejo em direções muito bem definidas, demarcadas, delimitadas, controladas, disciplinadas, colonizadas.

Modalizado e normatizado, o desejo torna-se assim uma espécie de último campo de batalha, reduto final de disputa do sujeito. É nesse ponto que acreditamos na necessidade do encontro entre teoria crítica e pós-estruturalismo, a partir da percepção de que, por um lado, o sujeito neoliberal está dominado nos modos de produção de subjetividade e, por outro, a precarização das condições materiais traz impactos profundos na vida social. Os "debates feministas" aportariam à filosofia a possibilidade de repensar a categoria sujeito em outros termos que não apenas o da aniquilação, falsa acusação ao pós-estruturalismo, *versus* recuperação, falácia sustentada na nostalgia de um sujeito universal abstrato, cuja presença a si seria o fundamento da razão e da universalidade; apagamento da emergência dos novos sujeitos de direitos, cuja existência insiste em reivindicar legilibilidade e reconhecimento.

## Política das ruas

Gostaria de concluir reforçando o motivo principal que anima este capítulo, a afirmação da atualidade da aliança entre os feminismos de matriz pós-estruturalista e os de matriz materialista, proposta por Fraser nos anos 1990 e em realização nisso que Butler chama de "política das ruas". Para sustentar essa argumentação, teço algumas considerações sobre *Corpos em aliança e a política das ruas: notas sobre uma teoria da performatividade da assembleia*, livro em que Butler retoma a questão das alianças. Numa investigação acerca do papel do corpo, nas inúmeras manifestações que tomaram as ruas desde o Occupy Wall Street (2011) — passando pela ocupação das praças na chamada Primavera

Árabe (2010-2012) e pelas Jornadas de Junho (2013), no Brasil, mas também por movimentos como Black Lives Matter, Ni Una a Menos e Mães de Maio –, sua análise une a performatividade linguística com a performatividade corporal, que é interpretada por ela como estratégia de enfrentamento das políticas de precarização. Tais políticas não podem ser pensadas sem a dimensão do sofrimento psíquico, de modo que as reflexões de Butler reúnem a materialidade dos corpos com a vida psíquica do poder, a luta por condições materiais com o confronto às formas de sujeição: "Quanto mais alguém está de acordo com a exigência da 'responsabilidade' de se tornar autossuficiente, mais socialmente isolado se torna e mais precário se sente; e quanto mais estruturas sociais de apoio deixam de existir por razões 'econômicas', mais isolado esse indivíduo se percebe em sua sensação de ansiedade acentuada e 'fracasso moral'" (BUTLER, 2018a, [2015a], p. 21).

Acredito poder interpretar essa e outras passagens como indicação de que as duas chaves teóricas – pós-estruturalismo e teoria crítica – estão em funcionamento, o que permitiria mobilizar a ideia de precariado, que não é apenas um substituto do proletariado, mas o seu necessário deslocamento. Trata-se de pensar a condição humana marcada pela interseccionalidade que modula como cada corpo, cada sujeito, cada sujeita está experimentando, na sua condição de precariedade, a distribuição de injustiça social, econômica, racial. Dito de outro modo, o debate sobre quem é, afinal, o sujeito do feminismo, tal qual proposto por Butler há 30 anos, mostra-se aqui produtivo não apenas para as feministas, não importa de que corrente, mas também para o enfrentamento de outra questão, a emergência dos movimentos identitários. A ideia de que essas lutas teriam substituído a luta de classes no momento do seu esgotamento, mas que as reivindicações identitárias seriam insuficientes para operar a crítica ao capitalismo, e que estaria, portanto, na hora de voltar à luta de classes é uma hipótese que esbarra em pelo menos dois problemas.

O primeiro, de diagnóstico relativamente fácil, é o fim da classe trabalhadora tal qual a conhecíamos na fase industrial do capitalismo, o que faz com que o campo do trabalho perca hegemonia na arena da disputa política. O segundo problema é a necessidade de admitir que a emergência de novos sujeitos políticos aponta para o limite da universalidade – o proletariado ou mesmo sua atualização, o precariado –, cujo questionamento tem sido impulsionado pelos movimentos identitários. A apontada aliança feminista, articulando a crítica do materialismo às condições de precarização da vida com a crítica pós-estruturalista, indicando a alocação diferencial dessa precarização em alguns sujeitos e não em outros, é uma aposta de que essa aliança se torne, assim, um operador que possa fazer funcionar a crítica ao capitalismo no seu estágio atual. Talvez seja preciso refazer a pergunta de Mark Fisher (2009 [2020]), "Não há alternativa?", para, ao tentar respondê-la, encontrar um ponto de partida para a invenção de novos sujeitos de desejo, um caminho em direção ao contrarrealismo com o qual Butler começa a dialogar no seu livro mais recente, *The Force of Nonviolence* (2020). Propor uma teoria política do luto é um ato ético-político contra os que insistem no descarte "realista" de formas de vida não integráveis.

# Do início aos fins do luto

Quando, em dezembro de 2015, meu marido morreu de câncer de pulmão, dediquei os primeiros meses da minha vida sem ele à releitura de *Luto e melancolia*, o texto de Freud em que ele diz a quem acabou de perder o ser amado a única coisa que talvez faça algum sentido: o afeto do luto é normal. "É também digno de nota que nunca nos ocorre considerar o luto como estado patológico, nem encaminhá-lo para tratamento médico, embora ele acarrete graves desvios da conduta normal da vida. Confiamos que será superado depois de algum tempo e consideramos inadequado e até mesmo prejudicial perturbá-lo" (FREUD, 2011b, p. 47), escreve o psicanalista, em 1917. Ele estava confiante no que hoje já deveria ser óbvio: não incomode quem está de luto, pelo simples fato de que não há nada, absolutamente nada, que se possa fazer, mesmo os munidos das melhores intenções (ou principalmente estes, acrescento). Com o tempo, a pessoa enlutada poderá refazer seu investimento libidinal em outro objeto de amor, e só se não o fizer será preciso tratar a melancolização da perda. Alguns anos depois, em 1923, quando escreve "O Eu e o Isso" (FREUD, 2011c) – depois do fim da Primeira Guerra, de a gripe espanhola ter assolado a Europa e da morte de sua filha Sophie, em 1920 –, Freud faz uma sutil modificação na sua concepção de melancolia. Os objetos perdidos vão sendo internalizados na formação do "eu", de tal modo que vamos sendo constituídos pela história das nossas perdas.[92]

Butler toma essa mudança como fundamental na sua própria maneira de elaborar o luto como categoria ético-política. Isso porque, em certa medida, o cerne de sua filosofia – e por isso a proximidade com a psicanálise – está na reflexão sobre os diversos processos e concepções de formação do "eu". A experiência da perda e suas consequências são, para a filósofa, objeto de investimento teórico que, como busquei apresentar no capítulo "Por uma teoria política do luto", está presente desde o início da obra e vai se desenvolvendo, aprofundando-se e se politizando com o tempo.

Ao lado das leituras pessoais sobre o tema, decidi transformar o luto em objeto de pesquisa, fazendo, eu também, um deslizamento do luto como categoria clínica para categoria ético-política. No primeiro trabalho que apresentei a respeito (RODRIGUES, 2017a), senti necessidade de justificar a decisão. Era como se o direito ao luto não tivesse estatuto de objeto filosófico.

Diante de uma perda irreparável e sua consequente dor, não há alento possível, mas há profundas transformações na formação do "eu". Parte dessas transformações estão expressas neste livro, cuja elaboração fez parte do meu próprio processo de luto. Freud prevê que o luto será superado "depois de algum tempo", medida cronológica incalculável de antemão, encontrada por cada sujeito a seu tempo e hora. O estado de luto, no entanto, se é inevitável ao enlutado, incomoda muito a quem gostaria de poder passar pela vida sem pensar na morte. Provoca diferentes

---

[92] Originalmente, "Os fins do luto", publicado na revista *Serrote*, Instituto Moreira Salles, edição especial, p. 132-143, jul. 2020, e levemente alterado para a publicação neste volume.

formas de pressão familiar, social, profissional e médica em relação ao tempo máximo a ser dedicado a esse processo.

Existem manuais para quantificar processos de luto a partir da medida de tempo. Na psiquiatria, há uma divisão entre luto normal, de um ano de duração, e luto complicado, estendido além dessa medida. Não é de se estranhar, portanto, que o campo psiquiátrico seja repleto de clichês sobre o tema. Também é digno de nota que, principalmente durante os primeiros anos, eu tenha ouvido uma enxurrada de frases feitas: "Foi melhor assim", "Descansou", "Estava sofrendo muito, não merecia isso", "Ele estará sempre conosco", "Vai passar com o tempo", "Cada dia é um dia", "A vida continua" (provavelmente a pior, por fazer a perda parecer irrelevante). Hoje acho que tive a sorte de não ter ouvido ninguém me dizer "E daí?", como fez o presidente da República quando o Brasil ultrapassava a marca de 5 mil mortes por covid-19.[93] No final de abril, mais de 370 mil vidas haviam sido perdidas para essa doença no país.

Talvez, diante de quase 3 milhões de pessoas mortas em todo o mundo, seja possível romper com a pretensão de mera continuidade da vida. É impossível continuar a viver sem olhar, sentir e lamentar o tamanho da devastação que está nos destruindo coletivamente. A dimensão da perda coletiva ganha aqui uma ambivalência, é perda coletiva porque todos e todas estamos perdendo alguém, mais ou menos próximo de nós, e é perda coletiva porque cada morte representa uma perda para o conjunto da sociedade. Esse reconhecimento coletivo da perda é uma dimensão em geral apagada no luto individual e está evidente nas diferentes formas públicas de luto por tantas mortes.

---

[93] "E daí? Quer que eu faça o quê?", diz Bolsonaro sobre mortes por covid-19. *Congresso em Foco*, 28 abr. 2020. Disponível em: bit. ly/3mJiFQu. Acesso em: 17 fev. 2021.

# Perda, falta e vazio

A morte inscreve pelo menos três significantes na vida de quem fica: a perda, a falta e o vazio, que primeiramente aparecem misturados e só aos poucos, no tempo de cada um, vão sendo discernidos. Talvez o trabalho de luto não seja outra coisa senão uma permanente tentativa de separação, entre quem ficou e quem partiu e entre esses três termos relacionados aos três momentos do luto tal como definidos por Freud. Encontrei num verso de Paulo Henriques Britto algo muito próximo da concepção de luto na psicanálise freudiana: "Ninguém busca a dor, e sim seu oposto, e todo consolo é metalinguístico", escreve o poeta em *Nenhum mistério* (BRITTO, 2018), publicado após a morte de sua mulher, a professora Santuza Cambraia Naves. Na psicanálise e no poema há um denominador comum: estar enlutada é estar inconsolável.

Aceitar a perda é ainda mais difícil neste momento, em que os rituais fúnebres estão suspensos ou com restrições em quase todos os lugares do mundo. Já existe um certo consenso hoje de que a proibição de comparecer aos enterros ou, pior, a cremação compulsória de corpos – instituída como medida de segurança em alguns países europeus – impedem a realização da etapa da perda, momento delicado, em que toda tentativa de consolo parece ainda mais violenta, até porque tudo que confirma a perda produz uma dor insuportável. Para mim, por exemplo, a cremação do corpo do meu marido – escolha dele, registrada em cartório – e a consequente ausência de túmulo dificultaram, durante muito tempo, admitir sua morte. Há incontáveis situações em que a ausência de corpo dificulta ou mesmo impede o trabalho de luto.

A cremação é um tema sensível na religião – muitas denominações não aceitam –, no direito – no Brasil, a lei faz exigências específicas para o procedimento – e na política, já que o desaparecimento de corpos é uma prática comum na nossa história de violência. No Brasil, a covid-19 levou o governo federal a baixar uma portaria que autoriza a cremação de corpos não identificados, o que foi recebido com imensa e justificada desconfiança por diversas organizações de direitos humanos. Depois de pressão política de diversas instituições, o texto foi modificado para estabelecer critérios para a cremação de corpos não identificados, como a coleta de uma série de informações para identificação posterior. Uma das melhores expressões de indignação com a cremação compulsória encontrei em dois artigos de Mathieu Yon (2020a, 2020b) publicados no jornal *Lundi Matin*. Ele conta o trauma a que o governo francês submeteu sua mulher: buscar, no porão do necrotério, as cinzas da mãe num saco plástico. A partir dessa experiência, Yon formula uma pergunta posta diante de todos nós: "Como ousamos abandonar nossos mortos?". O trabalho de luto talvez seja, em grande medida, uma tentativa de perder os mortos sem abandoná-los, nosso último e permanente gesto de amor.

## A escrita do não saber

Constatadas as inutilidades do consolo, começa a funcionar o segundo movimento do luto: compreender a diferença entre a perda e a falta é passar a conviver com a falta. É como se a perda fosse a experiência do trauma, e a falta, sua consequência ou desdobramento. Dois milhões e meio de pessoas mortas no mundo são um trauma coletivo difícil de contornar com obviedades ou, pior, com mais violência ("Eu não sou coveiro", "Vai morrer gente? Vai", "Tá com medinho de pegar vírus?").

Compreender a diferença entre perda e falta foi, para mim, um passo fundamental na passagem do momento de aceitação para o tempo de simbolização da perda. É sutil, por vezes imperceptível, e de repente alguma coisa acontece. Perdemos todos os dias, como ensina o poema de Elizabeth Bishop,[94] mas perder o ser amado instala uma falta constitutiva na existência. Nenhuma metáfora dá conta do tamanho e da profundidade da perda. O luto pode ser o fim mesmo das metáforas. A cada ato de simbolizar a perda, a falta vai se estabelecendo na rotina. A vida cotidiana fica tão impregnada pela falta que esta se esvanece. Não pela sua superação, mas por ter sido incorporada e passar a fazer parte da vida. Em algum momento, o desespero dá lugar à tristeza, e a perda enfim dá lugar à falta.

Minhas reflexões acerca do meu luto pessoal se encontram com Butler, para quem a reivindicação do direito ao luto se tornou elemento central de intervenção e crítica política. Seu primeiro movimento é perguntar se, diante de uma perda, sabemos o que está perdido naquele que partiu. "Se nem sempre sei o que se apossa de mim em tais ocasiões, e se nem sempre sei o que perdi em outra pessoa, pode ser que essa esfera de despossessão seja precisamente aquela que expõe o meu desconhecimento, a impressão inconsciente da minha sociabilidade primária" (BUTLER, 2019b, [2004a], p. 48).

---

[94] "A arte de perder não é nenhum mistério;/Tantas coisas contêm em si o acidente/De perdê-las, que perder não é nada sério.//Perca um pouquinho a cada dia. Aceite, austero,/A chave perdida, a hora gasta bestamente./A arte de perder não é nenhum mistério.//Depois perca mais rápido, com mais critério:/Lugares, nomes, a escala subsequente/ Da viagem não feita. Nada disso é sério.//Perdi o relógio de mamãe. Ah! E nem quero/Lembrar a perda de três casas excelentes./A arte de perder não é nenhum mistério.//Perdi duas cidades lindas. E um império/Que era meu, dois rios, e mais um continente./Tenho saudade deles. Mas não é nada sério.//– Mesmo perder você (a voz, o riso etéreo/que eu amo) não muda nada. Pois é evidente/que a arte de perder não chega a ser mistério/por muito que pareça (Escreve!) muito sério" (BISHOP, 2001, p. 362).

A proposta que Butler fez há 20 anos poderia ter sido formulada hoje em relação à covid-19, à perda e ao trabalho de luto que se segue: "Proponho considerar uma dimensão da vida política que tem a ver com a nossa exposição à violência e nossa cumplicidade para com ela, com nossa vulnerabilidade à perda e ao trabalho de luto que se segue, e com a busca de uma base para uma comunidade em tais condições" (p. 39). Então, como agora, trata-se de compreender o luto como mais do que um processo individual e interno, como elemento comum capaz de nos unir pela identificação com a perda e com o seu caráter inconsolável do qual fala o poema de Britto.

Começar de novo é um dos clichês do luto. Por alguma razão, esse produziu algum sentido para mim. Não é fácil fazer sentido quando, como escreve Lacan (2016, p. 356), "o furo da perda no real de algo que é a dimensão propriamente falando intolerável oferecida à experiência humana, não é a experiência da própria morte, que ninguém tem, mas aquela da morte de um outro que é para nós um ser essencial". Uma das finalidades do trabalho de luto é aprender a se sustentar apesar da perda e da falta, o que significa todos os dias acordar e se engajar no esforço de viver uma vida lesada, marcada pela perda e pela falta, vida assombrada. O luto dá forma a essa sensação de que toda vida é assombrada pela morte, tema de um seminário de Jacques Derrida publicado na França, em 2019, transcrição de um curso ministrado na *École des Hautes Études en Sciences Sociales* (EHESS) no ano letivo de 1975-1976. Ali, o filósofo da fantasmagoria inverte a perspectiva convencional de distinção entre vida e morte para forjar o termo *"lavielamort"* (avidaamorte), sem a conjunção "e", sem espaço, sem separação entre o vivo e o morto, entre o vivente e o não vivente, fazendo da morte o que torna a vida possível, vida desde sempre contaminada pela possibilidade da morte e, portanto, assombrada. Viver todos os dias diante da morte do outro é viver uma impotência real e absurda, incontornável, é conhecer de perto a assombração. A morte, imprevisível, pode chegar a qualquer momento e de qualquer modo, e por isso impõe a pergunta de como viver se equilibrando entre ordem e desordem, entre anomia e norma, entre rigor e confusão, entre risco e proteção. Ao enlutado cabe primeiramente sobreviver. Por isso, o período de confinamento imposto pela pandemia de covid-19 (no Brasil, a partir de março de 2020) pode ser comparado a um processo de luto, cada um tentando se equilibrar no seu isolamento, no medo da morte, no pânico da contaminação. Sinto saudade da minha vida antes do luto e penso em quanta saudade ainda sentiremos da vida antes da pandemia.

Nessa intensa repetição dos dias, característica comum ao luto e ao confinamento, trata-se de nem mudar nem continuar, apenas suportar a estranha temporalidade em que não há nada a fazer nem há nada a ser feito, há um sentimento de perda de maior ou menor intensidade, dependendo de quanto cada um perdeu, um tempo de espera sem esperança. O trabalho de luto é definido pela psicanálise como um processo de constituição, no simbólico, do objeto perdido no real. Essa é uma das explicações para tantos clichês – diante da morte, experimentamos ausência de linguagem para falar da perda, da falta e do vazio. Em relação aos mortos pela covid-19, estamos usando apenas a língua dos números, contabilizando os mortos em gráficos e tabelas, por um lado reconhecendo que é impossível narrar todas as perdas, por outro expressando a incapacidade de demonstrar sensibilidade em relação aos mortos.

É difícil perceber a diferença entre o pavor instalado porque uma pessoa querida morreu e o pavor instalado porque cada um de nós também vai morrer. Esse talvez seja um dos aspectos mais desafiadores diante do caráter tão ameaçador da covid-19, aceitar o risco de morte iminente – que, na prática, está sempre presente –, trancar-se em casa em nome da proteção – o que nem sempre se confirma, como no aumento da violência doméstica – e ainda tentar manter alguma normalidade na rotina, como se não houvesse a experiência do trauma. Uma doença, qualquer uma, e mais ainda as que podem ser fatais, é um trauma, no sentido mais estrito definido por Freud: uma descarga de energia maior e mais violenta do que o aparelho psíquico consegue absorver. Com a covid-19 não é diferente. Primeiramente, a perda das formas de vida tal como a conhecíamos e a perda das vidas; depois, a falta, ocupando seus espaços e se instalando na rotina, infiltrando-se mais um pouco a cada dia, ecoando no silêncio das noites o verso de Britto. E, enfim, o vazio, esse que vamos contornando, como oleiros moldando vasos de cerâmica para dar contornos ao buraco aberto pela perda, mantido pela falta, fazendo o trabalho do luto sem finalidade nem fim.

Este livro é parte do exercício cotidiano de tentar dar contorno ao vazio, é um *como se* fosse um vaso de cerâmica, moldando, em suas bordas, aquilo que há de desconhecido na perda, no luto por essas perdas, no segredo indecifrável do que está perdido no objeto perdido. É movido pela escrita da incompletude e pela minha ignorância, aqui tomada no sentido deleuziano:

> Ao escrevermos, como evitar que escrevamos sobre aquilo que não sabemos ou que sabemos mal? É necessariamente neste ponto que imaginamos ter algo a dizer. Só escrevemos na extremidade de nosso próprio saber, nesta ponta extrema que separa nosso saber e nossa ignorância e que transforma um no outro. É só deste modo que somos determinados a escrever. Suprir

a ignorância é transferir a escrita para depois ou, antes, torná-la impossível. Talvez tenhamos aí, entre a escrita e a ignorância, uma relação ainda mais ameaçadora que a relação geralmente apontada entre a escrita e a morte, entre a escrita e o silêncio (DELEUZE, 2018, p. 10).

# Referências

### Obras de Judith Butler em língua original

BUTLER, Judith. *Gender Trouble: Feminism and the Subversion of Identity*. 1. ed. Londres/Nova York: Routledge, 1990.

BUTLER, Judith. Bodies that Matter: On the Discursive Limits of 'Sex'. Londres/Nova York: Routledge, 1993.

BUTLER, Judith. Gender as Performance. *Radical Philosophy*, n. 67, p. 32-39, Summer 1994. Entrevista concedida a Lynne Segal e Peter Osborne. Disponível em: https://www.radicalphilosophy.com/interview/judith-butler. Acesso em: 13 fev. 2021.

BUTLER, Judith. *Excitable Speech: A Politics of the Performative*. Londres/Nova York: Routledge, 1997a.

BUTLER, Judith. Merely Cultural. *Social Text*, n. 52/53, p. 265-277, 1997b. Disponível em: www.jstor.org/stable/466744. Acesso em: 25 jan. 2021.

BUTLER, Judith. *The Psychic Life of Power: Theories in Subjection*. Stanford, CA: Stanford University Press, 1997c.

BUTLER, Judith. *Gender Trouble: Feminism and the Subversion of Identity*. 2. ed. Londres/Nova York: Routledge, 1999a.

BUTLER, Judith. *Subjects of Desire: Hegelian Reflections in Twenty-Century France*. 2. ed. Nova York: Columbia University Press, 1999b.

BUTLER, Judith. *Antigone's Claim: Kinship Between Life and Death*. Nova York: Columbia University Press, 2000.

BUTLER, Judith. *Precarious Life: The Power of Mourning and Violence*. Londres/Nova York: Verso, 2004a.

BUTLER, Judith. *Undoing Gender*. Londres/Nova York: Routledge, 2004b.

BUTLER, Judith. *Giving an Account of Oneself: A Critique of Ethical Violence*. Nova York: Fordham University Press, 2005.

BUTLER, Judith. *Frames of War: When Is Life Grievable?* Londres/ Nova York: Verso, 2009.

BUTLER, Judith. *Parting Ways: Jewishness and the Critique of Zionism*. Nova York: Columbia University Press, 2012.

BUTLER, Judith. *Notes Toward a Performative Theory of Assembly*. Londres: Harvard University Press, 2015a.

BUTLER, Judith. *Senses of the Subject*. Nova York: Fordham University Press, 2015b.

BUTLER, Judith. *The Force of Nonviolence: An Ethico-Political Bind*. Londres/Nova York: Verso, 2020.

BUTLER, Judith; SPIVAK, Gayatri. Who Sings the Nation-State? Language, Politics, Belonging. Chicago: Chicago University Press, 2007.

## Obras de Judith Butler em edições brasileiras

BUTLER, Judith. Fundamentos contingentes: o feminismo e a questão do pós-modernismo. Tradução de Pedro Maia Soares. *Cadernos Pagu*, Campinas, Núcleo de Estudos de Gênero-Pagu/ Unicamp, n. 11, p. 11-42, 1998.

BUTLER, Judith. Corpos que pesam: sobre os limites discursivos do "sexo". *In*: LOURO, Guacira Lopes (Org.). *O corpo educado: pedagogias da sexualidade*. Tradução de Tomaz Tadeu da Silva. Belo Horizonte: Autêntica, 2001.

BUTLER, Judith. *Problemas de gênero: feminismo e subversão da identidade*. Tradução de Renato Aguiar. Revisão técnica de Joel Birman. Rio de Janeiro: Civilização Brasileira, 2003.

BUTLER, Judith. O limbo de Guantánamo. *Novos Estudos*, São Paulo, CEBRAP, n. 77, p. 223-231, mar. 2007.

BUTLER, Judith. *O clamor de Antígona: parentesco entre a vida e a morte*. Tradução de André Cechinel. Florianópolis: Editora da UFSC, 2014.

BUTLER, Judith. *Quadros de guerra: quando a vida é passível de luto?* Tradução de Sérgio Lamarão e Arnaldo Cunha. Revisão técnica de Carla Rodrigues. Rio de Janeiro: Civilização Brasileira, 2015c.

BUTLER, Judith. *Relatar a si mesmo: crítica da violência ética.* Tradução de Rogério Bettoni. Belo Horizonte: Autêntica, 2015d.

BUTLER, Judith. Meramente cultural. Tradução de Aléxia Bretas. *Ideias*, v. 7, n. 2, p. 229-248, 2016.

BUTLER, Judith. *A vida psíquica do poder: teorias da sujeição.* Tradução de Rogério Bettoni. Belo Horizonte: Autêntica, 2017a.

BUTLER, Judith. *Caminhos divergentes: judaicidade e crítica do sionismo.* Tradução de Rogério Bettoni. São Paulo: Boitempo, 2017b.

BUTLER, Judith. *Corpos em aliança e a política das ruas: notas para uma teoria performativa de assembleia.* Tradução de Fernanda Siqueira Miguens. Revisão técnica de Carla Rodrigues. Rio de Janeiro: Civilização Brasileira, 2018a.

BUTLER, Judith. Fundações contingentes: feminismo e a questão do "pós-modernismo". In: BENHABIB, Seyla; BUTLER, Judith; CORNELL, Drucilla; FRASER, Nancy. *Debates feministas: um intercâmbio filosófico.* Tradução de Fernanda Veríssimo. São Paulo: Unesp, 2018b.

BUTLER, Judith. Pode-se levar uma vida boa em uma vida ruim? Tradução de Aléxia Bretas. *Cadernos de Ética e Filosofia Política*, v. 2, n. 33, p. 213-229, 2018c.

BUTLER, Judith. *Corpos que importam: sobre os limites discursivos do "sexo".* Tradução de Verônica Daminelli e Daniel Yago Françoli. Revisão técnica de Daniel Yago Françoli, Carla Rodrigues e Pedro Taam. São Paulo: N-1/Crocodilo, 2019a.

BUTLER, Judith. *Vida precária: os poderes do luto e da violência.* Tradução de Andreas Lieber. Revisão técnica de Carla Rodrigues. Belo Horizonte: Autêntica, 2019b.

BUTLER, Judith. Entrevista. *Margem Esquerda*, São Paulo, Boitempo, n. 33, p. 11-24, 2019c. Entrevista concedida a Maria Lygia Quartim de Moraes, Yara Frateschi e Carla Rodrigues.

BUTLER, Judith. Precisamos parar o ataque à "ideologia de gênero". Tradução de Sonia Corrêa e Carla Rodrigues. *Sexuality Policy Watch*, 23 jan. 2019d. Disponível em: http://twixar.me/j9VK. Acesso em: 25 jan. 2021.

BUTLER, Judith; SPIVAK, Gayatri. *Quem canta o Estado-nação? Língua, política, pertencimento.* Tradução de Vanderlei J. Zacchi e Sandra Regina Goulart Almeida. Brasília: Editora UnB, 2018.

## Obras das/dos demais autoras/autores

AGAMBEN, Giorgio. (2003). *Estado de exceção*. Tradução de Iraci D. Poleti. São Paulo: Boitempo, 2004.

AGAMBEN, Giorgio. (1995). *Homo Sacer: o poder soberano e a vida nua*. Tradução de Henrique Burigo. Belo Horizonte: Editora UFMG, 2007a.

AGAMBEN, Giorgio. (2005). *Profanações*. Tradução de Selvino J. Assmann. São Paulo: Boitempo, 2007b.

AGAMBEN, Giorgio. (1998). *O que resta de Auschwitz: o arquivo e a testemunha*. Tradução de Selvino J. Assmann. São Paulo: Boitempo, 2008.

AGAMBEN, Giorgio. (1996). Polícia soberana. *In: Meios sem fim: notas sobre a política*. Tradução de Davi Pessoa. Belo Horizonte: Autêntica, 2015.

AGAMBEN, Giorgio. (2008). *Signatura rerum: sobre o método*. Tradução de Andrea Santurbano e Patricia Peterle. São Paulo: Boitempo, 2019.

AGAMBEN, Giorgio. *Reflexões sobre a peste: ensaios em tempos de pandemia*. Tradução de Isabella Marcatti e Luisa Rabolini. Prefácio de Carla Rodrigues. São Paulo: Boitempo, 2020. E-book.

ALLOUCH, Jean. *Erótica do luto: no tempo da morte seca*. Tradução de Procópio Abreu. Rio de Janeiro: Companhia de Freud, 2004.

AMADO, Jorge. (1959). *A morte e a morte de Quincas Berro D'água*. Rio de Janeiro: Record, 1999.

ARANTES, Paulo. A fratura brasileira do mundo. *In*: FIORI, José Luis; MEDEIROS, Carlos (Orgs.). *Polarização mundial e crescimento*. Petrópolis: Vozes, 2001.

ARANTES, Paulo. A fratura brasileira do mundo. *In: Zero à esquerda*. São Paulo: Conrad, 2004. (Coleção Baderna).

ARANTES, Paulo. *A fratura brasileira do mundo*. Lisboa: Oca, 2019. (Cadernos Ultramares, v. 7).

ARANTES, Paulo. Um mundo coberto de alvos. *In*: ÉTICA E FILOSOFIA POLÍTICA NO TEMPO DO AGORA, 11 jun. 2020. Conferência. Disponível em: bit.ly/32837fU. Acesso em: 14 fev. 2021.

ARENDT, Hannah. (1970). *Sobre a violência*. Tradução de André de Macedo Duarte. 7. ed. Rio de Janeiro: Civilização Brasileira, 2016.

ATHANASIOU, Athena; BUTLER, Judith. *Dispossession: The Performative in the Political*. Cambridge: Polity Press, 2013.

AUSTIN, John Langshaw. *Quando dizer é fazer*. Tradução de Danilo Marcondes. Porto Alegre: Artes Médicas, 1990.

BARNES, Julian. *Altos voos e queda livre*. Tradução de Léa Viveiros de Castro. Rio de Janeiro: Rocco, 2014.

BEAUVOIR, Simone. (1949). *O segundo sexo*. Tradução de Sérgio Milliet. Rio de Janeiro: Nova Fronteira, 2009.

BENHABIB, Seyla. Feminismo e pós-modernismo: uma aliança complicada. *In*: BENHABIB, Seyla; BUTLER, Judith; CORNELL, Drucilla; FRASER, Nancy. *Debates feministas: um intercâmbio filosófico*. Tradução de Fernanda Veríssimo. São Paulo: Editora Unesp, 2018.

BENJAMIN, Walter. (1940). Sobre o conceito de história. *In*: LÖWY, Michael. *Walter Benjamin: aviso de incêndio – uma leitura das teses "Sobre o conceito de história"*. Tradução de Jeanne Marie Gagnebin e Marcus Lutz Müller. São Paulo: Boitempo, 2005.

BENJAMIN, Walter. (1921) Para uma crítica da violência. *In*: *Escritos sobre mito e linguagem (1915-1921)*. Organização de Jeanne Marie Gagnebin. Tradução de Susana Kampff Lages e Ernani Chaves. São Paulo: Duas Cidades; Editora 34, 2011.

BENTO, Berenice. É o queer tem pra hoje? Conversando sobre as potencialidades e apropriações da Teoria Queer ao Sul do Equador. *Áskesis*, v. 4, n. 1, p. 143-155, jan.-jun. 2015. Entrevista concedida a Felipe Padilha e Lara Facioli.

BENTOUHAMI, Hourya. Notes pour un féminisme marron. Du corps-doublure au corps propre. *Comment S'en Sortir?*, n. 5, p. 108-125, 2017.

BISHOP, Elizabeth. Arte. *In*: *O iceberg imaginário e outros poemas*. Tradução de Paulo Henriques Brito. São Paulo: Companhia das Letras, 2001.

BRAIDOTTI, Rosi. *Transpositions: On Nomadic Ethics*. Cambridge: Polity Press, 2006.

BRANDÃO, Izabel *et al.* (Orgs.). *Traduções da cultura: perspectivas críticas feministas (1970-2010)*. Florianópolis: EdUFAL; Mulheres; Editora da UFSC, 2017.

BRASIL. Instituto de Pesquisa Econômica Aplicada (Ipea). Diretoria de Estudos e Políticas Sociais (Disoc). *Trabalho para o mercado e trabalho para casa: persistentes desigualdades de gênero*. Brasília: Ipea, 2012.

BRETAS, Aléxia. Resistir nos limiares do reconhecimento: performatividade, precariedade e o direito de aparecer. *In*: PANSARELLI, Daniel *et al*. (Orgs.). *Gênero, psicanálise, filosofia na América Latina, filosofia da libertação e pensamento descolonial*. São Paulo: Anpof, 2019. p. 16-22. Disponível em: bit.ly/3gdXPb3. Acesso em: 14 fev. 2021.

BRITTO, Paulo Henriques. *Nenhum mistério*. São Paulo: Companhia das Letras, 2018.

BROWN, Wendy. Resisting Left Melancholy. *Boundary 2*, Durham, Duke University Press, v. 26, n. 3, p. 19-27, 1999.

BROWN, Wendy. American Nightmare: Neoliberalism, Neoconservatism and De-Democratization. *Political Theory*, v. 34, n. 6, dez. 2006. p. 690-714.

BROWN, Wendy. *Cidadania sacrificial: neoliberalismo, capital humano e políticas de austeridade*. Tradução de Juliane Bianchi Leão. Rio de Janeiro: Zazie, 2018.

BROWN, Wendy. *Nas ruínas do neoliberalismo: a ascensão da política antidemocrática no Ocidente*. Tradução de Mario Antunes Marino e Eduardo Altheman C. Santos. São Paulo: Politeia, 2019.

CADAVA, Eduardo; CONNOR, Peter; NANCY, Jean-Luc (Eds.). *Who Comes After the Subject?* London; New York: Routledge, 1991.

CAPUTO, John D. Dreaming of the Innumerable. *In*: FEDER, Ellen K. *et al*. (Eds.). *Derrida and Feminism: Recasting the Question of Woman*. London; New York: Routledge, 1997.

CASTRO, Thaís de Bakker. *O Estado-nação a partir da filosofia de Judith Butler: reflexões sobre processos de congregação e segregação*. 2018. Dissertação (Mestrado em Filosofia) – Programa de Pós-Graduação em Filosofia, Universidade Federal do Rio de Janeiro, Rio de Janeiro, 2018.

CÉSAIRE, Aimée. *Discurso sobre o colonialismo*. Tradução de Claudio Willer. São Paulo: Veneta, 2020.

CONTINENTINO, Ana Maria Amado. *A alteridade no pensamento de Jacques Derrida: escritura, meio-luto, aporia*. 2006. Tese (Doutorado em Filosofia) – Programa de Pós-Graduação em Filosofia, Pontifícia Universidade Católica do Rio de Janeiro, Rio de Janeiro, 2006.

CRENSHAW, Kimberlé W. Demarginalizing the Intersection of Race and Sex: A Black Feminist Critique of Antidiscrimination Doctrine, Feminist Theory and Antiracist Politics. *The University of Chicago Legal Forum*, v. 1989, n. 1, p. 139-167, 1989. Disponível em: bit.ly/3a51lAj. Acesso em: 25 jan. 2021.

CRENSHAW, Kimberlé. Mapping the Margins: Intersectionality, Identity Politics, and Violence Against Women of Color. *Stanford Law Review*, v. 43, n. 6, p. 1241-1299, July 1991.

DARDOT, Pierre; LAVAL, Christian. *A nova razão do mundo: ensaio sobre a sociedade neoliberal*. Tradução de Mariana Echalar. São Paulo: Boitempo, 2016.

DAVIS, Angela. Women, Race and Class. Nova York: Vintage Books, 1981. [*Mulheres, raça e classe*. Tradução de Heci Regina Candiani. São Paulo: Boitempo, 2016.]

DAVIS, Angela. *Estarão as prisões obsoletas?* Tradução de Marina Vargas. 2. ed. Rio de Janeiro: Difel, 2018.

DELEUZE, Gilles. (1968). *Diferença e repetição*. Tradução de Luiz Orlandi e Roberto Machado. São Paulo: Paz e Terra, 2018.

DERRIDA, Jacques. *Marges de la philosophie*. Paris: Minuit, 1972. [*Margens da filosofia*. Tradução de Joaquim Torres Costa e António M. Magalhães. Campinas: Papirus, 1991.]

DERRIDA, Jacques. (1954). *Le Problème de la genèse dans la philosophie de Husserl*. Paris: PUF, 1990b.

DERRIDA, Jacques. *Du Droit à la philosophie*. Paris: Galilée, 1990b.

DERRIDA, Jacques. (1968). Os fins do homem. *In: Margens da filosofia*. Tradução de Joaquim Torres Costa e António M. Magalhães. Campinas: Papirus, 1991.

DERRIDA, Jacques. (1993). *Espectros de Marx: o Estado da dívida, o trabalho do luto e a nova Internacional*. Tradução de Anamaria Skinner. Rio de Janeiro: Relume-Dumará, 1994.

DERRIDA, Jacques. *Le monolinguisme de l'autre ou la prothèse d'origine*. Paris: Galilée, 1996.

DERRIDA, Jacques. *De um tom apocalíptico adoptado há pouco em Filosofia*. Tradução e posfácio de Carlos Leone. Lisboa: Vega e Passagens, 1997.

DERRIDA, Jacques. *Posições*. Tradução de Tomaz Tadeu da Silva. Belo Horizonte: Autêntica, 2001.

DERRIDA, Jacques. *Voyous: deux essais sur la raison*. Paris: Galilée, 2003.

DERRIDA, Jacques. *Força de lei: o "fundamento místico da autoridade"*. Tradução de Leyla Perrone-Moisés. São Paulo: Martins Fontes, 2007.

DERRIDA, Jacques. *A Escritura e a diferença*. Tradução de Maria Beatriz Marques Nizza da Silva, Pedro Leite Lopes e Pérola de Carvalho. São Paulo: Perspectiva, 2009.

DERRIDA, Jacques. (1967). *Gramatologia*. Tradução de Miriam Chnaiderman e Renato Janine Ribeiro. São Paulo: Perspectiva, 2013.

DERRIDA, Jacques. "É preciso comer bem" ou o cálculo do sujeito. Tradução de Denise Dardeau e Carla Rodrigues. *Revista Latinoamericana do Colégio Internacional de Filosofia*, Valparaíso, n. 3, p. 149-185, jan. 2018a.

DERRIDA, Jacques. Excerto de Introdução à *Origem da Geometria* de Husserl. Tradução de Carla Rodrigues. *Em Construção*, Rio de Janeiro, UERJ, n. 3, p. 63-73, 2018b.

DERRIDA, Jacques. *La vie la mort: Seminárie (1975-1976)*. Paris: Seuil, 2019.

DUMÉNIL, Gérard; LÉVY, Dominique. *A crise do neoliberalismo*. Tradução de Paulo Cezar Castanheira. São Paulo: Boitempo, 2014.

DUQUE-ESTRADA, Paulo Cesar. Derrida e a crítica heideggeriana do humanismo. *In*: NASCIMENTO, Evando (Org.). *Jacques Derrida: pensar a desconstrução*. São Paulo: Estação Liberdade, 2005.

ELIAS, Norbert. *A solidão dos moribundos*. Tradução de Plínio Dentzien. Rio de Janeiro: Zahar, 2001.

FALUDI, Susan. *Backlash: o contra-ataque na guerra não declarada contra as mulheres*. Rio de Janeiro: Rocco, 2001. [*Backlash: The Undeclared War Against American Women*. Crown Publishers, 1991.]

FANON, Frantz. *Pele negra máscaras brancas*. Tradução Sebastião Nascimento e Raquel Camargo. São Paulo: UBU Editora, 2020.

FEDERICI, Silvia. *O ponto zero da revolução: trabalho doméstico, reprodução e luta feminista*. Tradução de Coletivo Sycorax. São Paulo: Elefante, 2019.

FEMENÍAS, María Luisa. A crítica de Judith Butler a Simone de Beauvoir. *Sapere Aude*, Belo Horizonte: PUC-Minas, v. 3, n. 6, p. 310-339, 2012.

FIDELIS, Kaio. *A carta/letra entre Derrida e Lacan*. 2018. Dissertação (Mestrado em Psicologia) – Faculdade de Filosofia e Ciências Humanas, Universidade Federal de Minas Gerais, Belo Horizonte, 2018.

FISHER, Mark. *Capitalist Realism: Is There No Alternative?* Washington: Zero Books, 2009. [*Realismo capitalista: é mais fácil imaginar o fim do mundo do que o fim do capitalismo?* Tradução de Rodrigo Gonsalves, Jorge Adeodato e Maikel da Silveira. São Paulo: Autonomia Literária, 2020.]

FISHER, Mark. *Ghosts of My Life: Writings on Depression, Hauntology and Lost Futures*. Washington: Zero Books, 2014.

FISHER, Mark. *Los fantasmas de mi vida: escritos sobre depresión, hauntología y futuros perdidos*. Tradução de Fernando Bruno. Buenos Aires: Caja Negra, 2018.

FOUCAULT, Michel. (1976). *Em defesa da sociedade: curso no Collège de France (1975-1976)*. Tradução de Maria Ermantina Galvão. São Paulo: Martins Fontes, 1999.

FOUCAULT, Michel. (1978). *Segurança, território, população: curso dado no Collège de France (1977-1978)*. Tradução de Eduardo Brandão. São Paulo: Martins Fontes, 2008.

FRANCO, Marielle. *UPP – a redução da favela a três letras: uma análise da política de segurança pública do Estado do Rio de Janeiro*. 2014. Dissertação (Mestrado em Administração) – Faculdade de Administração, Ciências Contábeis e Turismo, Universidade Federal Fluminense, Rio de Janeiro, 2014.

FRASER, Nancy. Feminism, Capitalism and the Cunning of History. *New Left Review*, n. 56, Mar./abril 2009. [O feminismo, o capitalismo e a astúcia da história. Tradução de Anselmo da Costa Filho e Sávio Cavalcante. *Mediações*, Londrina, v. 14, n. 2, p. 11–33, jul./dez. 2009.]

FRASER, Nancy. Falsas antíteses: uma resposta a Seyla Benhabib e Judith Butler. In: BENHABIB, Seyla; BUTLER, Judith; CORNELL, Drucilla; FRASER, Nancy. *Debates feministas: um intercâmbio filosófico*. Tradução de Fernanda Veríssimo. São Paulo: Editora Unesp, 2018.

FREUD, Sigmund. A identificação. *In: Psicologia das massas e análise do Eu e outros textos (1920-1923)*. Tradução Paulo César de Souza. São Paulo: Companhia das Letras, 2011a. (Obras Completas, 15).

FREUD, Sigmund. (1917). *Luto e melancolia*. Tradução de Marilene Carone. São Paulo: Cosac Naify, 2011b.

FREUD, Sigmund. (1923). O eu e o id. *In: O eu e o id, "autobiografia" e outros textos (1923-1925)*. Tradução de Paulo César de Souza. São Paulo: Companhia das Letras, 2011c. (Obras Completas, 16).

FREUD, Sigmund. *O infamiliar [das Unheimliche]: edição comemorativa bilíngue (1919-2019)*. Tradução de Romero Freitas, Ernani Chaves e Pedro Heliodoro Tavares. Belo Horizonte: Autêntica, 2019. (Obras Incompletas de Sigmund Freud).

FREUD, Sigmund. (1930) *O mal-estar na cultura e outros escritos*. Tradução de Maria Rita Salzano Moraes. Belo Horizonte: Autêntica, 2020. (Obras Incompletas de Sigmund Freud).

FUKUYAMA, Francis. *The End of History and the Last Man*. New York: Free Press, 1992.

GAGNEBIN, Jeanne Marie. *Limiar, aura e rememoração: ensaios sobre Walter Benjamin*. São Paulo: Editora 34, 2014.

GILROY, Paul. *Postcolonial Melancholia*. New York: Columbia University Press, 2004.

GOFFMAN, Erving. *Quadros da experiência social: uma perspectiva de análise*. Tradução de Gentil Titton. Petrópolis: Vozes, 2012.

GONZALEZ, Lélia. A categoria político-cultural de amefricanidade. *Tempo Brasileiro*, Rio de Janeiro, v. 92, n. 93, p. 69-82, jan.-jun. 1988.

GONZALEZ, Lélia. A mulher negra na sociedade brasileira: uma abordagem político-econômica. *In*: RODRIGUES, Carla; RAMOS, Tânia; BORGES, Luciana (Orgs.). *Problemas de gênero*. Rio de Janeiro: Funarte, 2017. p. 399-416. (Ensaios Brasileiros Contemporâneos).

GORENDER, Jacob. (1978) *O escravismo colonial*. São Paulo: Expressão Popular; Fundação Perseu Abramo, 2016.

GREINER, Christine (Org.). *Leituras de Judith Butler*. São Paulo: Annablume, 2016.

GUEHENNO, Jean-Marie. *O fim da democracia: um ensaio profundo e visionário sobre o próximo milênio*. Tradução de Howard Maurice Johnson e Amaury Temporal. 2. ed. Rio de Janeiro: Bertrand Brasil, 1999.

GUIBERT-SLEDZIEWSKI, Elisabeth; VIEILLARD-BARON, Jean-Louis (Org.). *Penser le sujet aujourd'hui*. Paris: Méridiens Klincksieck, 1988.

HADDOCK-LOBO, Rafael. *Para um pensamento úmido*. Rio de Janeiro: Nau, 2011.

HADDOCK-LOBO, Rafael. *Experiências abissais: ou sobre as condições de impossibilidade do real*. Rio de Janeiro: Via Verita, 2019.

HARAWAY, Donna. Situated Knowledges: The Science Question in Feminism and the Privilege of Partial Perspective. *Feminist Studies*, v. 14, n. 3, p. 575-599, 1988. [Saberes localizados: a questão da ciência para o feminismo e o privilégio da perspectiva parcial. Tradução de Mariza Corrêa. *Cadernos Pagu*, n. 5, p. 7-41, 1995.]

HEGEL, G. W. F. *Fenomenologia do Espírito*. Tradução de Paulo Meneses. 6. ed. Petrópolis: Vozes, 2011.

HEILBORN, Maria Luiza; RODRIGUES, Carla. Gênero e pós-gênero: um debate político. In: SEMINÁRIO INTERNACIONAL FAZENDO GÊNERO 10 (Anais Eletrônicos), Florianópolis, Universidade Federal de Santa Catarina (UFSC), 2013.

HEILBORN, Maria Luiza; RODRIGUES, Carla. Gênero: breve história de um conceito. *Aprender: Cadernos de Filosofia e Psicologia da Educação*, Vitória da Conquista, ano XII, n. 20, p. 9-21, 2018.

HOOKS, bell. *Ain't I a Woman: Black Women and Feminism*. London; New York: Routledge, 1981. [*E eu não sou uma mulher? Mulheres negras e feminismo*. Tradução de Libanio Bhuvi. Rio de Janeiro: Rosa dos Tempos, 2019.]

HOOKS, bell. *Tudo sobre o amor: novas perspectivas*. Tradução de Stephanie Borges. São Paulo: Elefante, 2021.

HYPPOLITE, Jean. *Genèse et structure de la Phénomenologie de l'esprit de Hegel*. Paris: Aubier, 1946. [*Gênese e estrutura da Fenomenologia do espírito de Hegel*. Tradução de Silvio Rosa Filho. São Paulo: Discurso Editorial, 1999].

KAFKA, Franz. *O processo*. Tradução de Modesto Carone. 6. ed. São Paulo: Brasiliense, 1995.

KANT, Immanuel. (1784). *Ideia de uma história universal de um ponto de vista cosmopolita*. Tradução de Rodrigo Naves e Ricardo R. Terra. São Paulo: Martins Fontes, 2010a.

KANT, Immanuel. (1796). Sobre um recentemente enaltecido tom de distinção na Filosofia. Tradução de Valério Rohden. *Studia Kantiana*, n. 10, 2010b.

KOJÈVE, Alexandre. *Introduction à la lecture de Hegel*. Paris: Gallimard,

1947. [*Introdução à leitura de Hegel*. Tradução de Estela dos Santos Abreu. Rio de Janeiro: Contraponto; EdUERJ, 2002.]

KOYRÉ, Alexandre. (1931) Hegel em Iena. *In*: *Estudos de história do pensamento filosófico*. Tradução de Maria de Lourdes Menezes. Rio de Janeiro: Forense, 2011. p. 120-135.

KRISTEVA, Julia. *Pouvoirs de l'horreur: essai sur l'abjection*. Paris: Seuil, 1980.

LACAN, Jacques. *O seminário, livro 6: o desejo e sua interpretação*. Tradução de Claudia Berliner. Rio de Janeiro: Zahar, 2016.

LAVINAS, Lena; ARAÚJO, Eliane. Programas de renda: entre renda mínima e renda universal, o Brasil na encruzilhada. *A Terceira Margem*, 6 out. 2020. Disponível em: bit.ly/3tiaflA. Acesso em: 6 jan. 2021.

LÉVINAS, Emmanuel. *Le Temps et l'autre*. Paris: Arthaud, 1947. [O tempo e o outro. Tradução de José Luis Pérez. *Phainomenon: Revista de Fenomenologia*, Lisboa, n. 11, p. 149-190, 2005.]

LÉVINAS, Emmanuel. *Totalité et infini: essai sur l'extériorité*. La Haye: Martinus Nijhoff, 1961. [*Totalidade e infinito*. Tradução de José P. Ribeiro. Lisboa: Edições 70, 1988.]

LEVITSKY, Steven; ZIBLATT, Daniel. *Como as democracias morrem*. Tradução de Renato Aguiar. Rio de Janeiro: Zahar, 2018.

LUGONES, María. Colonialidad y género. *Tabula Rasa*, Bogotá, n. 9, p. 73-101, jul.-dez. 2008.

LUGONES, María. Rumo a um feminismo decolonial. *Estudos Feministas*, Florianópolis, v. 22, n. 3, p. 935-952, set.-dez. 2014.

LYOTARD, Jean-François. *A condição pós-moderna*. Tradução de Ricardo Corrêa Barbosa. 6. ed. Rio de Janeiro: José Olympio, 2000.

MANIGLIER, Patrice. Térontologie saussurienne: ce que Derrida n'a pas lu dans le Cours de linguistique générale. *In*: MANIGLIER, Patrice (Org.). *Le Moment philosophique des années 1960 en France*. Paris: PUF, 2011.

MBEMBE, Achille. Necropolítica: biopoder, soberania, estado de exceção, política da morte. Tradução de Renata Santini. *Arte & Ensaios*. Revista do Programa de Pós-Graduação em Artes Visuais da Escola de Belas Artes da Universidade Federal do Rio de Janeiro (PPGAV/EBA/UFRJ), n. 32, p. 123-151, dez. 2016.

MBEMBE, Achille. *Políticas da inimizade*. Tradução de Marta Lança. Lisboa: Antígona, 2017.

MBEMBE, Achille. *Crítica da razão negra*. Tradução de Sebastião Nascimento. São Paulo: N-1, 2018a.

MBEMBE, Achille. *Necropolítica: biopolítica, soberania, estado de exceção e política de morte*. Tradução de Renata Santini. São Paulo: N-1, 2018b.

MBEMBE, Achille. *Sair da grande noite: ensaio sobre a África descolonizada*. Tradução de Fábio Ribeiro. Rio de Janeiro: Vozes, 2019.

McKISSACK, Patricia; McKISSACK, Fredrick. (1992) *Sojourner Truth: "Ain't I a Woman?"*. 2nd ed. New York: Scholastic, 2016.

MITCHELL, W. J. T.; DAVIDSON, Arnold I. (Ed.). *The Late Derrida*. Chicago: University of Chicago Press, 2007.

MORI, Natalia *et al*. (Orgs.). *Tensões e experiências: um retrato das trabalhadoras domésticas de Brasília e Salvador*. Brasília: Centro Feminista de Estudos e Assessoria, 2011.

NIETZSCHE, Friedrich. *Segunda consideração intempestiva: da utilidade e desvantagem da história para a vida*. Tradução de Marco Antônio Casanova. Rio de Janeiro: Relume-Dumará, 2003.

OLIVEIRA, Pedro. Diante da Górgona do poder: relações entre corpo e direito a partir de Giorgio Agamben. *In*: MONTEIRO, Maria da Conceição; GIUCCI, Guillermo (Orgs.). *Desdobramentos do corpo no século XXI*. Rio de Janeiro: Caetés, 2016. p. 231-248.

PEETERS, Benoît. *Derrida*. Tradução de André Teles. Revisão técnica de Evando Nascimento. Rio de Janeiro: Civilização Brasileira, 2013.

PEREIRA, Gustavo de Lima. *Democracia em desconstrução: da tolerância à hospitalidade no pensamento de Jacques Derrida*. Porto Alegre: Empório do Direito, 2017.

PINHEIRO, Luana. *O trabalho nosso de cada dia: determinantes do trabalho doméstico de homens e mulheres no Brasil*. 2018. Tese (Doutorado em Sociologia) – Instituto de Ciências Sociais, Universidade de Brasília, Brasília, 2019.

PINHEIRO, Luana *et al*. Os desafios do passado no trabalho doméstico do século XXI: reflexões para o caso brasileiro a partir dos dados da PNAD contínua. *Texto para Discussão*, Brasília; Rio de Janeiro: Ipea, 2019.

PORCHAT, Patricia. *Gênero, psicanálise e Judith Butler: do transexualismo à política.* 2007. Tese (Doutorado em Psicologia) – Instituto de Psicologia, Universidade de São Paulo, São Paulo, 2007.

PRECIADO, Paul B. *Manifesto contrassexual: práticas subversivas de identidade sexual.* Tradução de Maria Paula Gurgel Ribeiro. São Paulo: N-1, 2014.

QUIJANO, Aníbal. (2000). Colonialidade do poder, eurocentrismo e América Latina. *In*: LANDER, Edgardo (Org.). *A colonialidade do saber: eurocentrismo e ciências sociais. Perspectivas latino-americanas.* Buenos Aires: CLACSO, 2005. p. 117-142.

QUIJANO, Aníbal. (2001). ¿El fin de cual historia? . *In*: *Cuestiones y horizontes: de la dependência histórico-estructural a la colonialidad/descolonialidad del poder.* Seleção e prólogo de Danilo Assis Clímaco. Buenos Aires: CLACSO, 2014a. p. 595-603.

QUIJANO, Aníbal. (2001) El regreso del futuro y las cuestiones del conocimiento. *In*: *Cuestiones y horizontes: de la dependência histórico-estructural a la colonialidad/descolonialidad del poder.* Seleção e prólogo de Danilo Assis Clímaco Buenos Aires: CLACSO, 2014b. p. 833-846.

RANCIÈRE, Jacques. (2005). *O ódio à democracia.* Tradução de Mariana Echalar. São Paulo: Boitempo, 2014.

RAPAPORT, Herman. *Later Derrida: Reading the Recent Work.* New York; London: Routledge, 2002.

RILEY, Denise. *"Am I That Name?": Feminism and the Category of "Women" in History.* Basingstoke: Macmillan, 1988.

RUBIN, Gayle. Tráfico de mulheres: notas sobre a "economia política" do sexo. *In*: *Políticas do sexo.* Tradução de Jamile Pinheiro Dias. São Paulo: Ubu, 2017.

RUNCIMAN, David. *Como a democracia chega ao fim.* Tradução de Sergio Flaksman. São Paulo: Todavia, 2018.

SAFATLE, Vladimir. *O cinismo e a falência da crítica.* São Paulo: Boitempo, 2008.

SAFATLE, Vladimir. Être juste avec Freud: la psychanalyse dans l'antichambre de *De la grammatologie.* In: MANIGLIER, Patrice (Org.). *Le Moment philosophique des années 1960 en France.* Paris: PUF, 2011. p. 395-408. [Fazer justiça a Freud: a psicanálise na antessala da *Gramatologia.* Tradução de Ana Luiza Fay. In: HADDOCK-LOBO,

Rafael *et al.* (Orgs.). *Heranças de Derrida: da linguagem à estética*. Rio de Janeiro: NAU/Faperj, 2014. v. 2.]

SAFATLE, Vladimir. *O circuito dos afetos: corpos políticos, desamparo e o fim do indivíduo*. Belo Horizonte: Autêntica, 2016.

SAFATLE, Vladimir. *Maneiras de transformar mundos*. Belo Horizonte: Autêntica, 2020.

SAFFIOTI, Heleieth. *A mulher na sociedade de classes: mito e realidade*. Petrópolis: Vozes, 1969.

SANTIAGO, Vinícius Wingler Borba. *A economia sacrificial do Estado-nação: o luto público das mães de vítimas da violência de Estado no Brasil*. 2020. Tese (Doutorado em Relações Internacionais) – Instituto de Relações Internacionais, Pontifícia Universidade Católica do Rio de Janeiro, Rio de Janeiro, 2020.

SCOTT, Joan W. The Sears Case. *In: Gender and the Politics of History*. New York: Columbia University Press, 1988.

SCOTT, Joan W. *The Conundrum of Equality*. Princeton: School of Social Science; Institute for Advanced Study, 1999. (Occasional Papers). [O enigma da igualdade. Tradução de Jó Klanovicz e Susana Bornéo Funck. *Estudos Feministas*, Florianópolis, v. 13, n. 1, p. 11-30, jan.-abr. 2005. Disponível em: bit.ly/2OPoVdc. Acesso em: 13 fev. 2021.]

SESTON, William. (1962) Les chevaliers romains et le *Iustitium* de Germanicus. *In: Scripta Varia. Mélanges d'histoire romaine, de droit, d'épigraphie et d'histoire du christianisme*. Roma: École Française de Rome, 1980. p. 155-173. Disponível em: bit.ly/3dXcswx. Acesso em: 23 jan. 2021.

SILVA, Denise Ferreira da. *A dívida impagável: lendo cenas de valor contra a flecha do tempo*. São Paulo: Oficina de Imaginação Política; Living Commons, 2019.

SÓFOCLES. *A trilogia tebana*. Tradução de Mário da Gama Kury. Rio de Janeiro: Zahar, 2001.

SOUZA, Herbert José de; PARKER, Richard (Orgs.). *A cura da AIDS*. Rio de Janeiro: Relume-Dumará, 1994.

SPIVAK, Gayatri Chakravorty. Translator's Preface. *In*: DERRIDA, Jacques. *Of Grammatology*. Baltimore: Johns Hopkins University Press, 1997.

STRATHERN, Marilyn. *Reproducing the Future: Anthropology, Kinship, and the New Reproductive Technologies*. London; New York: Routledge, 1992.

TELES, Edson. *Democracia e estado de exceção: transição e memória política no Brasil e na África do Sul*. São Paulo: Editora Fap-Unifesp, 2015.

TELES, Edson. *Os abismos da história: ensaios sobre o Brasil em tempos de Comissão da Verdade*. São Paulo: Alameda, 2018.

TUPINAMBÁ, Gabriel. A vida dos fantasmas na periferia do mundo. *In*: COLÓQUIO MARK FISHER: REALISMO ESPECTRAL, 2018, Rio de Janeiro. Vídeo. Disponível em: bit.ly/329G0ld. Acesso em: 25 jan. 2021.

UCHIDA, Tatsuru. *Emmanuel Lévinas et la phénoménologie de l'amour*. Tokyo: Serika Syobô, 2001.

VIECELI, Cristina Pereira; WÜNSCH, Julia Giles; STEFFEN, Mariana Willmersdorf (Orgs.). *Emprego doméstico no Brasil: raízes históricas, trajetórias e regulamentação*. São Paulo: LTr, 2017.

VIEIRA, Tássia. *Redesenhando o imaginário: processos de intervenções na Cidade de Deus no contexto de eventos esportivos*. 2018. Dissertação (Mestrado em Antropologia) – Instituto de Filosofia e Ciências Sociais, Universidade Federal do Rio de Janeiro, Rio de Janeiro, 2018.

WAHL, Jean. *Le Malheur de la conscience dans la philosophie de Hegel*. Paris: PUF, 1929.

WAJCMAN, Gérard. A arte, a psicanálise, o século. *In*: AUBERT, Jacques *et al*. *Lacan, o escrito, a imagem*. Tradução de Yolanda Vilela. Belo Horizonte: Autêntica, 2012.

WITTIG, Monique. One Is Not Born a Woman. *In*: ABELOVE, Henry; BARALE, Michele Aina; HALPERIN, David M. (Orgs.). *The Lesbian and Gay Studies Reader*. New York: Routledge, 1993. p. 103-109.

YON, Mathieu. Je ne vous pardonnerai pas. *Lundi Matin*, n. 238, 13 abr. 2020a. Disponível em: bit.ly/3deI95n. Acesso em: 17 jun. 2020.

YON, Mathieu. Rite funéraire. *Lundi Matin*, n. 239, 20 abr. 2020b. Disponível em: bit.ly/3tiaFsa. Acesso em: 17 jun. 2020.

## Obras da autora

RODRIGUES, Carla. Butler e a desconstrução do gênero. *Estudos Feministas*, Florianópolis, v. 13, n. 1, p. 179-183, jan./abr. 2005.

RODRIGUES, Carla. *O sonho dos incalculáveis: coreografias do feminino e do feminismo a partir de Jacques Derrida*. Rio de Janeiro: PUC-Rio, 2008. Dissertação (Mestrado em Filosofia) – Programa de

Pós-Graduação em Filosofia, Departamento de Filosofia Pontifícia Universidade Católica do Rio de Janeiro, Rio de Janeiro, 2008.

RODRIGUES, Carla. *Coreografias do feminino*. Florianópolis: Mulheres, 2009.

RODRIGUES, Carla. A costela de Adão: diferenças sexuais a partir de Lévinas. *Estudos Feministas*, Florianópolis, v. 19. n. 2, p. 371-388, maio/ago. 2011a.

RODRIGUES, Carla. *Rastros do feminino: sobre ética e política em Jacques Derrida*. Rio de Janeiro: PUC-Rio, 2011. Tese (Doutorado em Filosofia) – Programa de Pós-Graduação em Filosofia, Departamento de Filosofia Pontifícia Universidade Católica do Rio de Janeiro, Rio de Janeiro, 2011b.

RODRIGUES, Carla. Antígona: lei do singular, lei no singular. *Sapere Aude*, Belo Horizonte, PUC-Minas, v. 3, n. 5, p. 32-54, 2012.

RODRIGUES, Carla. A literatura entre Derrida e Lacan: dentro/ fora das relações de poder. *Viso: Cadernos de Estética Aplicada*, v. VII, n. 13, p. 22-38, jan./jun. 2013a.

RODRIGUES, Carla. Duas palavras para o feminino. Rio de Janeiro: Nau/Faperj, 2013b.

RODRIGUES, Carla. Derrida, um filósofo maltrapilho. In: HADDOCK-LOBO, Rafael *et al.* (Orgs.). *Heranças de Derrida: da linguagem à estética*. Volume 2. Rio de Janeiro: Nau /Faperj, 2014. v. 2.

RODRIGUES, Carla. Mémoriser, mémorisant, me-demeurant: du transcendantal au quasi transcendental. Trabalho apresentado no VIII Encontro da Sociedade Internacional de Filosofia e Psicanálise. UFMG-USP, 2015.

RODRIGUES, Carla. A função do luto na filosofia política de Judith Butler. In: CORREIA, Adriano; HADDOCK-LOBO, Rafael; SILVA, Cíntia Vieira da (Orgs.). *Deleuze, desconstrução e alteridade*. São Paulo: Anpof, 2017a. v. 1, p. 329-340.

RODRIGUES, Carla. Para pensar a *différance* como um operador não metodológico na filosofia de Jacques Derrida. In: SIQUEIRA, Isabel Rocha de *et al.* (Orgs.). *Metodologia e relações internacionais: debates contemporâneos*. Rio de Janeiro: PUC-Rio, 2018. v. 1, p. 53-67.

RODRIGUES, Carla. Identificação, identidade, identitário e alguns mal-entendidos. In: COSSI, Rafael. *Faces do sexual: fronteiras entre gênero e inconsciente*. São Paulo: Aller, 2019a.

RODRIGUES, Carla. Para além do gênero: anotações sobre a recepção da obra de Butler no Brasil. *Em Construção*, Rio de Janeiro, UERJ, v.1, n. 5, p. 59-72, 2019b.

RODRIGUES, Carla. Ser e devir: Butler leitora de Beauvoir. *Cadernos Pagu*, Campinas, n. 56, 2019c.

RODRIGUES, Carla. Três tempos da performatividade em Butler. In: CATTONI, Marcelo; VIANA, Igor (Orgs.). *Políticas da performatividade: conferências*. Belo Horizonte: Conhecimento, 2019d.

RODRIGUES, Carla. Uma aposta no significante gênero. In: LASCH, Markus; LEITE, Nina Virginia de Araújo (Orgs.). *Anatomia, destino, liberdade*. São Paulo: Mercado das Letras, 2019e.

RODRIGUES, Carla. A polícia como problema filosófico. In: *Revista Latinoamericana do Colégio Internacional de Filosofia*. Número especial Cinquenta anos de Desconstrução. Dezembro/2019f.

RODRIGUES, Carla. La police comme problème philosophique. In: CEPPAS, Filipe; CHATAIGNIER, Gustavo; FERTÉ, Louise (Orgs.). *50 Ans de déconstruction: vitalité et pertinence de l'oeuvre de Derrida*. Paris: L'Harmattan, 2020a.

RODRIGUES, Carla. Ce qui demeure irréductible dans le travail du deuil et dans la tâche du traducteur. *Traduire Derrida aujourd'hui*, revue ITER, n. 2, p. 1-24, 2020b. Disponível em: https://bit.ly/2S22F0K. Acesso em: 14 fev. 2021.

RODRIGUES, Carla. *Escritas: filosofia e gênero*. Rio de Janeiro: Ape'Ku, 2020c. E-book.

RODRIGUES, Carla. Os fins do luto. *Serrote*, Instituto Moreira Salles, edição especial, p. 132-143, jul. 2020d.

RODRIGUES, Carla. Por uma filosofia política do luto. *O Que Nos Faz Pensar*, Rio de Janeiro, PUC-Rio, v. 29, n. 46, p. 58-73, jul. 2020e. Disponível em: https://bit.ly/3xvs6YO. Acesso em: 14 fev. 2021.

RODRIGUES, Carla. Writing Around Ghosts. Translated by Thaís de Bakker Castro. *In*: RODRIGUES, Carla; HADDOCK-LOBO, Rafael; MORAES, Marcelo José Derzi. Specters of *Colonialidade*: A Forum on Jacques Derrida's *Specters of Marx* after 25 Years, Part V. *Contexto Internacional*, Rio de Janeiro, v. 42, n. 1, p. 150-156, jan.-abr. 2020f.

RODRIGUES, Carla; LISBOA-PONCIANO, Gabriel Henrique. O corpo infeliz. *Letra Magna*, v. 16, n. 26, 2020.

RODRIGUES, Carla; LOBATO, Ana Emília. O feminismo e seus sujeitos. *Princípios: Revista de Filosofia*, Natal: UFRN, v. 27, n. 52, p. 43-65, 31 jan. 2020.

RODRIGUES, Carla; MONTEIRO, Juliana de Moraes. Lélia Gonzalez, uma filósofa amefricana. *Revista Ideação*, v. 1, n. 42, p. 94-105, jul.-dez. 2020.

RODRIGUES, Carla; PINHO, Isabela Ferreira. A morte e a morte das democracias ocidentais. *Remate de Males*, Campinas, v. 40, n. 1, p. 69-85, jan.-jun. 2020.

RODRIGUES, Carla; VIEIRA, Tássia Áquila. A função política do luto por Marielle Franco. *Cadernos de Gênero e Diversidade*, Salvador: UFBA, v. 6, n. 2, p. 134-149, abr.-jun. 2020.

Este livro foi composto com tipografia Bembo e impresso
em papel Off-White 80 g/m² na Formato Artes Gráficas.